キャリアアップに活かす！

養護教諭の
スキルラダー

編著　中村富美子　Fumiko Nakamura

著　　荒木田美香子　Mikako Arakida

　　　内山　有子　Yuko Uchiyama

　　　齋藤　朱美　Akemi Saito

　　　高橋佐和子　Sawako Takahashi

　　　中村　千景　Chikage Nakamura

ふくろう出版

はじめに

　本書『キャリアアップに活かす！　養護教諭のスキルラダー』は、健康教室（月刊誌・東山書房）に連載したものを単行本化したものです。2016年4月号から2017年3月号の計12回連載しました。本書の目的は、養護教諭の能力向上です。養護教諭の技術（スキル）をはしご状（ラダー）にした指標を作成し、現場で活用してもらうことを目指しています。養護教諭の職務の具体例に解説を加えわかりやすく説明することに注力しました。

　連載のきっかけは、私が大学院で博士号を取得したことに始まります。私は、2014年3月に養護教諭として現職勤務をしながら大学院を修了しました。学位論文は「養護教諭のコンピテンシーモデルに基づくスキルラダー開発」です。「コンピテンシー？？」「スキルラダー？？」何だかわかりませんよね。論文は書いた自分で言うのもなんですが、難解、膨大で読む気になれません。「誰がこれを読むのだろう。紙の上で終わるのか…いや終わってはならない」、というメラメラ燃える情熱が私にはありました。私の論文は現場の養護教諭の実践のインタビューが基になっています。現場に還元しなければインタビューに協力してくださった養護教諭の皆様に申し訳ないと思っていました。

　「現場で使えるようにしたい。」大学院の指導教官である荒木田美香子先生に相談したところ「研究会を作ったら」と言われ、「それだっ！」と思い、次の日には、メンバーが決まりました。このような経緯から、私に、声を掛けられ断れなかった人、それがスキルラダー研究会：SLIPER（すりっぱ）のメンバーです。（SLIPER：Skill Ladder for Improvement and Evaluation Running of School Health Nursing）

　毎月1回SLIPER会議を行い、スキルラダーの検討、スキルラダーを使った研修会の企画、ホームページ上の「教えて達人コーナー」（掲示板による事例検討）、ブログでの発信などを行っています。

　SLIPER会議では、こんなエピソードもあります。スキルラダーでは、到達段階を、ステップ1→ステップ2→ステップ3→ステップ4と定めていますが、当初は、猿人→ネアンデルタール人→クロマニヨン人→人間にしようかという案が出たのです。今思うと、研修会で、「『猿人』では○○が目標です。」では、言いにくいのでステップ1にして正しかったのです。こんな私たちでよかったらどこにでも出没しますので声をかけていただけたら幸いです。

　私のメラメラした情熱の炎を時には大きく、時には鎮火してくれるSLIPERのメン

バーに感謝しています。

　書籍化を引き受け、原稿を洗練してくださったふくろう出版の亀山裕幸さんに心から感謝を申しあげます。

　スキルラダーに多くのアイデアやご意見をくださり、本書の執筆に際しても多大な尽力をいただきましたSLIPERメンバーの一員である加藤恵美さんにも厚く御礼申しあげます。

　スキルラダーは、書籍として、世に出ます。しかし、スキルラダーの完成ではありません。養護教諭の仕事は、社会の変化に伴う子どもの健康問題に伴って進化し続けています。したがって、スキルラダーも進化し続けるのです。現職の養護教諭に実際に使っていただき、加筆修正を続けていきます。養護教諭の皆さんのおかげで本書が一旦の完成を見たことは間違いありません。深く感謝いたします。

　スキルラダーを共通語に、養護教諭が自分の仕事を深化、そして進化していくことの一助になれば望外の喜びです。

2018年10月

編著者　中村富美子

SLIPER：Skill Ladder for Improvement and Evaluation Running of School Health Nursing（すりっぱ：スキルラダー研究会）

中村富美子（静岡県沼津市立大岡小学校）・荒木田美香子（国際医療福祉大学）・高橋佐和子（神奈川県立保健福祉大学）・加藤恵美（静岡県静岡市立清水船越小学校）・中村千景（帝京短期大学）・内山有子（東洋大学）・齋藤朱美（東京都立小松川高等学校）

目　次

はじめに

第1章　スキルラダーとは？　―その意義と活用法― ………………………… *1*

第2章　「健康診断」のスキルラダー ………………………… *8*

第3章　「救急処置」のスキルラダー ………………………… *14*

第4章　「疾病予防・管理」のスキルラダー ………………………… *21*

第5章　「安全管理」のスキルラダー ………………………… *30*

第6章　「健康相談」のスキルラダー ………………………… *36*

第7章　「保健教育」のスキルラダー ………………………… *44*

第8章　「環境衛生」のスキルラダー ………………………… *51*

第9章　「ケースマネジメント」のスキルラダー ………………………… *56*

第10章　「保健室経営」のスキルラダー ………………………… *66*

第11章　「保健組織活動」のスキルラダー ………………………… *74*

第12章　「自己研鑽」とまとめ ………………………… *82*

索　引　*88*

編著者・著者略歴　*91*

第1章 スキルラダーとは？
―その意義と活用法―

その実践、「子どものため」になっていますか？

　養護教諭の職務内容は近年ますます拡大する傾向にあります。その忙しさから、「自分の実践が本当に子どものためになっているのか」「もっとよい方法はないか」といった思いや疑問、課題を記録したり、考えたりする間もないまま、日々が過ぎていくという話は学校現場でよく耳にします。しかし、子どもたちの命を守り、生涯の健康の基礎を育む養護教諭には、様々な健康問題に対処できる高い能力が必要であり、その力をつけるためには自身の対応や判断を振り返ることが不可欠です。

　養護教諭は各職場にほぼ1人しか配置されない職種であるため、多忙であることに加え、同僚や先輩の行動を見て学んだり、直接指導を受けたりする機会を持ちにくいという特徴があります。さらに、養護教諭の公的な研修は非常に少なく、ある県の養護教諭の研修日数を一般教諭と比較したところ、3分の1にいたりませんでした。

　つまり、養護教諭が日々の実践を振り返ったり、自ら求めて学んだりしない限り、能力の向上は困難であり、「子どものため」とはかけ離れた自分流のやり方を何年も続けてしまうこともあるのです。こうした養護教諭の特徴をふまえ、自分の実践を的確に評価し、成長につなげる方策として開発したのが「スキルラダー」です。

「スキルラダー」とは？

　スキルラダーとは、養護教諭のスキル（知識・技術）を職務別・段階別（ラダー：はしご）に示したものです。

　スキルラダーのベースとなっているのは、多くの実践と経験を積み重ねてこられた全国の養護教諭11人へのインタビューです。この優れた養護教諭たちからは、すばらしい実践を伺うことができました。しかし、当の養護教諭は「すばらしい」とは感じていません。一人職であるがために、自分の知識や技術を意識化するという経験がないからです。当然、この優れた養護教諭たちの実践は、これまで他の養護教諭に伝達されることはありませんでした。もったいないことです。なんとかこれらの優れた知識や技術（ワザ）を養護教諭の成長に活かす方法はないかと考えました。

　優れた養護教諭たちのインタビューを整理していて気づきました。仕事には上達（深化）の道筋があったのです。例えば救急処置では、1年目は「目の前の子どもの処置で精一杯」であったのが、数年経つと「処置をしながらまわりの子どもに配慮が

できる」ようになり、最近では「けがが起こる原因を予測して未然に防ぐことをめざして活動している」というのです。成長の段階をまねしていけば、だんだん「ワザ」が身につくのではないか、と考えるに至り、そこで、インタビューで聞き取った実践を分類し、成長段階別にすることを試みました。

養護教諭の職務は非常に多岐にわたっているため、11の職務に分けて分析を進めました（表1-1）。平成20年の中教審[1]で示された養護教諭の職務（救急処置・健康診断・疾病予防などの保健管理、保健教育、健康相談活動、保健室経営、保健組織活動）、三木[2]の提唱する養護教諭の職務（情報の把握、救急処置及び救急体制の整備、健康診断、疾病予防、健康相談などの保健管理、保健教育、健康相談活動、保健室経営、保健組織活動、環境衛生）に安全管理、ケースマネジメント、自己研鑽を追加しました。なお、ここでのケースマネジメントとは、複数の問題を持つ子どもに多職種が関わる時に行う調整をさします。

養護教諭の成長は、4段階（ステップ）に分け、段階を分ける基準は図1に示した通りです。ステップ1は、養成機関を卒業後、初めて養護教諭となる1年目の新人をイメージしていますが、それ以降は経験年数に依拠していません。養護教諭は養成機関卒業から正式採用までに数年かかることが一般的です。産休・育休を取れば年単位で職から離れることもあります。また、養成の基盤が教育系、看護系、心理系など多岐にわたっているという背景もあり、単純に経験年数で段階を分けることは意味がないと考えたからです。また、最も上級のステップは「熟練」です。その意味は、「十分に経験を積んで上手なこと」（大辞林）です。つまり、経験で身につく最高レベルの力を持つことであり、めざせば誰もが「熟練」の域に達することができると考えました。

熟練以上の力を持つ養護教諭もいます。しかし、その領域には、個人の素質、感

表1-1　スキルラダーの11の職務

1	救急処置
2	健康診断
3	疾病予防・管理
4	安全管理
5	環境衛生
6	保健教育
7	健康相談
8	ケースマネジメント
9	保健室経営
10	保健組織活動
11	自己研鑽

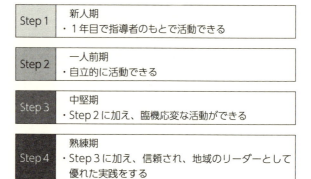

図1-1　スキルラダーのステップ

性、性格など、経験や努力ではカバーしきれない要素の影響があり、言語化は困難だと判断しました。

　こうして養護教諭のスキル（知識・技術）を職務別・段階別（ラダー：はしご）に示した「スキルラダー」が生まれました。

スキルラダーの意義

　平成27年7月、中央教育審議会が公表した「これからの学校教育を担う教員の資質能力の向上について（中間まとめ）」では、「高度専門職として教職キャリア全体を俯瞰しつつ、教員がキャリアステージに応じて身につけるべき資質や能力の明確化」が課題としてあげられました。スキルラダーは、養護教諭の成長段階をステップ1からステップ4の4段階とし、それぞれのステップにおいて身に付けるべき知識・技術を言語化したものであり、この課題に対応できるものと考えます。しかし、スキルラダーはあくまでも一つの提案で、これが答えであるとは考えていません。本書を通して多くの方々との意見交換をし、養護教諭の資質能力を明確化する動きが活発になること、そして、養護教諭が明確な目標を持ってスキルアップすることが我々研究会の一番の願いです。

「スキルラダー」でめざす養護教諭像

　実際のスキルラダーは、次回から1職務ずつ紹介していきます。今回は、このスキルラダーでめざす養護教諭像を示した目標一覧を掲載しました（表1-2）。

　スキルラダーでめざす養護教諭像は、必要な知識・技術を持ち、「子どものために行動できる養護教諭」です。そこで、スキルラダーの項目は、ある行動が「できる」と表現しています。行動を目標にすることで、自己評価、客観的評価の基準が明確になり、めざすゴールに一歩ずつ近づくことが可能になると考えます。また、最上級ステップを達人ではなく「熟練」にしたことで、努力すれば、誰もがたどり着くことのできる養護教諭像を表現することができました。

「スキルラダー」活用法

　スキルラダーは養護教諭の「新人」から「熟練」までの成長の道筋を示したツールです。以下に示す3つの活用法を提案させていただいています。

1）自己評価から成長につなげる

スキルラダーで自分の成長の度合いをチェックすることにより、今後のスキルアップへの道筋が明確になります。同時に、これまでの実践を振り返り、自身の成長を実感することができるため、獲得すべきスキル研修への意欲が高まります。

2）自分の仕事の他者評価

スキルラダーは行動で表現されているので、他者評価も可能です。校内の職員評価のため、管理職との面談がありますが、その際の養護教諭の評価基準はあいまいです。管理職自身も異なる職種であるため、何をもって評価していいかわからないというのが実情なのです。スキルラダーを基準にすれば自分の努力している点を伝えやすくなり、より正当な評価を得ることができます。

3）実践を振り返る研修に

養護教諭のグループや地区組織における研修のツールとしても使うことができます。所属する養護教諭の持つスキルに応じた系統的な研究計画を組むことができ、研修後に到達度を確認することで、研修成果の評価も可能です。成長ステップの近い者でグループごとの研修を組めば、よりニーズに合った研修になります。

また、ステップの異なる者のグループでスキルラダーをもとに実践を振り返り、語り合う研修を組めば、高いスキルを持つ養護教諭の実践や経験を共有することができます。

スキルラダーの活用例から
―研修でのワザの伝承―

ある地区で健康診断のスキルラダーを用いた研修会を行いました。そこでは、まず自分のステップをチェックした後、ベテランと新人の混合グループでラダーに表現された活動の具体例を自己の実践をもとに語り合っていただきました。

新人は、ステップ1についてはこれまでの実践を語りながら自分の成長を確認できましたが、ステップ4となると、そこに書かれた実践がどんなものか分かりません。そこで、ベテラン養護教諭が「こういう活動が当てはまるのではないか？」と語りました。

健康診断のステップ4には「地域保健担当者と協働した働きかけを計画し実施できる」とありますが、新人養護教諭は「何をするのか分からない」と言いました。すると、ベテラン養護教諭は「うちの学校は肥満が多いの。校区周辺には昼夜稼働している工場があって保護者の生活リズムも不規則で高血圧が多いと市役所の保健師さんが

表1−2　養護教諭のスキルラダー到達目標一覧表

各ステップの重点事項	ステップ1	ステップ2	ステップ3	ステップ4
めざす養護教諭像	指導者の指導のもとで基本的な学校保健活動を一人で実施できる	自立して学校保健活動を実施できる。ある程度予測を持って行動できる。中堅までといかないが自立的に活動している	自立的かつ臨機応変に、臨機応変に活動している	ステップ3に加え、学校からも子どもからも信頼され、他の養護教諭の指導や地域のリーダーとして非常に優れた実践をしている
救急処置	1 指導者の指導のもとで基本的な救急処置活動を一人で実施できる 2 緊急の体制が整える 基本的な救急処置ができる 対応の振り返りができる	1 指導者の指導のもとで基本的な知識・技術・態度を身につけ、自立的に活動できる。予防を視野に入れて活動できる 2 事故予防に向けた救急処置ができる。実際の状況を分析し、いじめ・虐待・心因性の有無を判断できる	1 潜在している課題を見出し、自立的かつ臨機に学校保健活動を行うための解決困難事例に対して対応している	1 創造性をもって子どもからも信頼され、他の養護教諭の指導や地域のリーダーとして非常に優れた実践をしている 2 事故予防に向けて学校全体的に取り組む体制をつくれる
健康診断	1 指導者の指導のもとで子どもたちの健康状態を置くことができる 2 健康診断の結果を健康教育につなげることができる	1 指導者や教職員の指導のもとに健康診断を実施できる 2 健康課題を把握し対策を学校保健計画に組み込むことができる	1 潜在している健康課題を見出すことができる 2 健康診断運営のプロセスを学校保健活動に発展させることができる	1 健康診断の結果から子どもたちの課題を見つけ地域保健との協働ができる
保健管理 疾病予防・管理	1 日々の健康観察から子どもたちの健康状態を置くことができる 2 感染症が発生した場合の基本的な対応ができる	1 健康課題の優先順位をつけることができる 2 健康課題解決方法として関係機関の役割がわかる	1 潜在している健康課題を見出せる 2 見出した健康課題への対策を学校保健活動に発展させる	1 疾病予防に対して関連機関との協働ができる 健康課題について PDCA サイクルを展開できる
保健管理 安全管理	1 各種マニュアル（自校・県・国）を読み込み、学校の方針と養護教諭の役割を理解できる 2 校内の環境整備の早期発見ができる 3 保健室に必要な災害時の準備ができる	1 事故や災害発生時、管理職員の指示に合わせて災害時の救護ができる 2 子どもたちの状況に合わせて支援ができる 3 子どもたちの発達段階に合わせて災害時の準備ができる	1 多職種と連携し事故や災害時の救護を行うことができる 2 事故や災害発生後、心のケアを行うことができる 3 安全管理の体制に関して養護教諭の立場から積極的に関与できる	1 災害・自殺・事故発生への予防教育を計画的に展開することができる
保健管理 環境衛生	1 定められた環境衛生の検査を行うことができる	1 環境衛生上の課題を見出せる	1 環境衛生上の課題を見出し、改善案を提案できる 環境衛生上の問題を教育的視野から捉えることができる	1 学区の環境整備・改善について提案できる
保健教育	1 基本的な保健指導・保健学習の方法がわかり、実施できる 2 保健指導・保健学習を実施した後、自己評価できる	1 子どもたちの健康課題を見出し、それに適した保健指導を行うことができる 2 目的・目標を明確にして保健指導の指導案を立て、実施することができる	1 子どもの主体的な解決能力を育成する保健教育（保健指導・保健学習）を行うことができる 担任との協働による保健教育（保健指導・保健学習）をつくることができる	1 保健指導・保健学習について PDCA サイクルを展開できる 子どもたちの健康課題を考慮した教育を展開する学習を開発できる
健康相談	1 基本的な健康相談の方法を説明できる 2 指導者のもとで健康相談を行うことができる	1 発達段階と健康状態を照らし合わせて課題を判断し、支援計画を立案し、実践できる 2 子どもの発達段階を考慮した健康相談ができる	1 保健室登校・いじめ・虐待などの解決困難事例に対応し、担任、保護者、外部機関と連携して健康相談を展開することができる 健康相談について PDCA サイクルを展開できる	1 本人・家族もしくは保護者が主体的に取り組めるような支援を行うことができる 子ども・家族・教員・養護教諭・関係機関を組織化する支援ができる
ケースマネジメント	1 ケースマネジメントの意義を説明できる 2 指導者のもとで複数の健康課題を持つ子どもについて多角的に健康課題をアセスメントできる	1 複数の健康課題を持つ子どもについて多角的にアセスメントすることができる 2 複数の健康課題を持つ子どもについて多職種と関わりながら支援の計画・立案・実施・連携に関わることができる	1 困難な事例に対して多職種連携しながら支援を展開することができる	1 困難な事例に対してチーム支援の調整機能を果たすことができる
保健経営	1 学校保健活動の仕事を理解し、養護教諭の仕事を理解する 2 保健室そのものの環境を整えることができる 3 指導者のもと保健室経営計画に基づいて保健室を運営できる	1 学校保健活動に必要な予算の仕組みについて理解できる 2 学校保健活動の目標に関する評価ができる 3 保健室経営計画の改善を図ることができる	1 学校保健活動に必要な予算を運用できる 2 日常業務の分析や研究を行えるようにして保健室経営計画を立てられる 3 学校保健を視野に入れて保健室経営計画を立てることができる	1 学校保健活動の評価を通して必要な企画をする 教職員に対し、学校保健活動のリーダー的存在となることができる 保健室経営を PDCA サイクルで展開し、学校運営に反映させることができる
保健組織活動	1 校内外の関係職種を把握し、その目的と役割を説明することができる 2 役割を説明して活動した後に評価を行える 3 児童生徒保健委員会の運営を理解している	1 関係機関と協働した活動ができる 2 学校保健計画を協働して作成し、学校保健委員会の運営を理解している	1 複数の支援システム構築に向けて主体的に関わることができる 地域の支援システムを連動させた活動ができる	1 校内外の支援システムを使って支援活動を PDCA サイクルで展開でき、地域の健康づくりの拠点の一つとして機能できる
自己研鑽	1 自分の仕事を振り返ることができる	1 自らに必要な専門知識などを認識し、その獲得に努める		1 学校保健活動について指導的役割をとれる

教えてくれたの。小学生の肥満と保護者の健康問題を一緒に考えて、小学校の家庭教育学級に保健師さんに講師に来てもらっているんだけど、こういうのを協働って言うんじゃないかしら？」と自身の実践を当たり前のように語りました。ステップ1の養護教諭には想像もつかなかった発展的な実践を知ることができたのです。ここで聞いた話は「いつかそんな実践ができる養護教諭に！」という明確な目標につながったことでしょう。

養護教諭の養護教諭による養護教諭のためのスキルラダー

　スキルラダーは、養護教諭がインタビューで語った実践から導き出したものです。しかし、養護教諭の仕事は、社会の変化に伴う子どもの健康問題によって進化し続けています。したがって、スキルラダーも進化し続けるものだと考えています。そこで現在も、現職の養護教諭に実際に使ってもらい、加筆修正を繰り返しています。今月からスキルラダーを紹介していきますが、ご意見・ご感想を是非お寄せください。スキルラダーを進化させていくのは、実践者である皆さんです。

技術がなければ思いは届かない
思いがなければ技術は身につかない

　ステップ1の頃は、「子どもに何かしてあげたいのに実際には何もできない」というジレンマがあります。しかし、年齢を重ねるとマンネリ化して、そんな熱い思いもどこかへ行ってしまいます。
　そんな現実を打破するためにスキルラダーはあります。

養護教諭が変わる
学校が変わる
子どもが変わる

　それがスキルラダーの使命です。
　そんな願いから下記メンバー（次頁参照）と共にスキルラダー研究会（SLIPER：= Skill Ladder for Improvement and Evaluation Running of School Health Nursing：すりっぱ）を立ち上げました。スキルラダーを用いた研修会の企画・プログラム提供をしています。ご興味のある方はぜひホームページ（http://skill-ladder.com）もご覧ください。
　次章から、職務別のスキルラダーとその職務にまつわる優れた実践を紹介していきます。

```
━━━━ スキルラダー研究会（SLIPER：すりっぱ）メンバー ━━━━
○中村 富美子 ［静岡県沼津市立大岡小学校・養護教諭］
○高橋 佐和子 ［神奈川県立保健福祉大学・准教授］
○中村 千景 ［帝京短期大学・准教授］
○内山 有子 ［東洋大学・准教授］
○加藤 恵美 ［静岡県静岡市立清水船越小学校・養護教諭］
○荒木田 美香子 ［国際医療福祉大学・教授］
○齋藤 朱美 ［東京都立小松川高等学校・養護教諭］
```

〈参考文献〉

1）平成20年中央教育審議会答申（2008）、子どもの心身の健康を守り、安全・安心を確保する
ために学校全体として取組を進めるための方策について（答申）（http://www.mext.go.jp/
b_menu/shingi/chukyo/chukyo5/08012506/001.pdf）（2015.6.5）

2）三木とみ子：四訂 養護概説、ぎょうせい、東京、2008

第2章　「健康診断」のスキルラダー

何のための健康診断か

　ある学校の内科検診での一コマです。

「さっさと！　静かに」
「みんな同じなんだから隠すんじゃないの！」
　上半身を隠してもじもじしている男子児童に担任がどなりました。その子どもは悲しそうな顔をしました。漏斗胸だったのです。
　5人一列で並び、上半身裸で待っている子どもたち。羞恥心や個性は軽視され、まるでベルトコンベアの製品検査のようでした。

　健康診断は、何のためにするのでしょうか。
　限られた時間の中で大人数の検診をスムーズに実施することは大切です。しかし、忙しさに気を取られ、目的を失ってはいないでしょうか。あなたの学校の健康診断では何を目的にし、健康診断の情報をどう活かし、どんな実践につなげていますか。やりたいことはたくさんあるはずです。スキルラダーで自分の実践を振り返りながら、健康診断で子どもたちのために何ができるのか、考えてみませんか。

「健康診断」のスキルラダー

　「健康診断」のスキルラダーでめざすのは、「教育的視点を取り入れつつ計画に基づいて健康診断を実施した上で、得られた情報から子ども個人と学校集団の健康課題を把握し、その課題を学校のみでなく、家庭や地域と協働した保健教育活動につなげることができる養護教諭」です。この養護教諭像に一歩ずつ近づいていくためのステップをスキルラダー（表2－1）に示しました。

表2－1 「健康診断」のスキルラダー表

スキルラダーはステップ1からステップ4まであります。それぞれのステップに対象が2つあります。[個別への働きかけ] と [集団への働きかけ] です。
それぞれの項目についてできていると思ったら[○]を、できていないと思ったら[×]をつけてください。
ステップ1の[個別]と[集団]についてチェックが終了したのち、ステップ2に進んでください(×をつけたとしても、次のステップに進んでよい)。

ステップ1

到達目標
1 指導者や教職員の指導のもとに健康診断を運営することができる
2 健康診断の結果を事後措置につなげることができる

個別への働きかけ
- プライバシーに配慮した健康診断を実施できる
1 健康診断の結果から早期の受診勧奨を判断できる
2 健康診断の結果から子どもを保健指導に受診勧奨ができる
3 健康診断の結果から必要な保健指導を実施できる

集団への働きかけ
1 健康診断などの学校行事に関する根拠を述べることができる
2 計画に基づき健康診断を運営できる
3 健康診断の結果をまとめ保健指導に活かすことができる
4 担任にクラスごとの健康診断の結果をまとめて報告することができる
5 健康診断の結果を前年度(自校)、全国などと比較することができる
6 保健調査票を前年度と比較することができる
7 健康診断が計画に基づいて実施できたかどうかを評価できる
8 健康診断がスムーズに実施できたか係教職員とともに評価できる
9 次年度の健康診断の計画に活かすことができる

ステップ2

到達目標
1 養護教諭として主導的な立場で健康診断を実施できる
2 健康課題を把握し、対策を学校保健計画に組み込むことができる

個別への働きかけ
1 健康診断の結果から子どもの健康課題を抽出できる
2 入学前(幼稚園・小学校・中学校)の健康情報を収集することができる
3 進学先に必要な健康情報を伝達することができる

集団への働きかけ
1 教育的視点を取り入れた健康診断を計画できる
2 健康診断の結果から子どもたちの健康課題を抽出できる
3 健康診断の事前指導で子どもたちの健康意識を高めることができる
4 健康診断の傾向について保護者に説明できる
5 健康課題について職員間で話し合うことができる
6 健康診断について話し合うことができる
7 健康診断の結果をまとめ学校医と健康課題について話し合うことができる
8 健康診断の進め方に関して改善が必要な事項をあげることができる
9 健康診断の結果を学校保健計画に活かすことができる
  健康診断の結果を保健経営に活かすことができる

ステップ3

到達目標
1 潜在している健康課題*を見いだすことができる
2 健康診断運営のプロセスを学校保健活動に活かすことができる

個別への働きかけ
1 地域保健担当者から健康情報を収集することができる
2 地域保健担当者に健康情報を伝達することができる
3 潜在している健康課題のある子どもを健康相談等の健康支援に結び付けることができる

集団への働きかけ
1 現在の健康状態から今後起こりうる健康課題を予測できる
2 集団の健康課題を社会的背景も含めて抽出できる
3 健康診断の事前指導で子ども(児童生徒)保健委員会等の働きかけを計画して実施できる
4 健康診断の事後指導で子ども(児童生徒)保健委員会等の働きかけを計画して実施できる
5 学校全体で協働した事後指導の働きかけを計画して実施できる
6 健康診断の結果から担任と協働した働きかけを計画して実施できる

ステップ4

到達目標
1 健康診断の結果から子どもたちの課題を見つけ地域との協働ができる

個別への働きかけ

集団への働きかけ
1 学校と地域の情報を持ち寄り地域の健康課題を抽出できる
2 地域保健担当者と協働した働きかけを計画できる
3 地域保健担当者と協働した働きかけを実施できる
4 健康診断の結果から保健福祉の保護者と協働した働きかけを計画を実施できる

*潜在している健康課題:本人・家族は重要性に気づいていないが健康リスクのある、予防的に関わる必要のある問題

> **考えてみよう！**
>
> 【ステップ1】　（集団への働きかけ：7）
>
> 今年度の「健康診断が計画に基づいて実施できたかどうかを評価」して気づいたことは？
>
> 【ステップ2】　（集団への働きかけ：2）
>
> あなたの学校の「健康診断結果から抽出された子どもたちの健康課題」は？
>
> 【ステップ3】　（個別への働きかけ：3）
>
> 「潜在している健康課題のある子ども」とは具体的にどんなこと？
>
> 【ステップ4】　（集団への働きかけ：2）
>
> 「地域保健担当者と協働した働きかけ」とはどんな実践？

　ステップ1から4までのそれぞれの項目について、できているか、できていないか、一つひとつ自分の実践を振り返りながら自己評価してみましょう。自分が得意なこと、不足している力が見えてくるはずです。想像のつかない項目については、他の養護教諭とディスカッションすることをおすすめします。その養護教諭が工夫している点や心がけていること、これまでの実践例などを語り合う中で、これからすべき実践や身につけるべき能力が見えてくるはずです。

優れた養護教諭の語り「健康診断」

＊このコーナーでは、優れた養護教諭へのインタビューで聞きとった11業務それぞれの実践を、できるだけ語られたままにご紹介します。

　本校は大規模な小学校です。子どもたちの実態として、「疲れた」「頭が痛い」「ぐっすり眠れない」などの不定愁訴が多く見られます。聴診器をあてるだけの内科検診では「病気ではないが、元気でもない」現代の子どもの問題を把握できないと考えました。そこで、学校医に「子どもを個別に見てもらえないか？」と相談したところ、「いくらでも協力するよ」という返事をいただきました。このチャンスを逃す手はありません。

　私はこの内科検診で「子どもが自分のからだや心の課題に気づき、主体的に検診に参加できること」を目標にしました。そのための工夫は二つ。まず、完全個別の検診にしてプライバシーを守ること、もう一つは全員が学校医による健康相談を受けることです。自分のことを自分で聞く検診、楽しい検診にしようと思いました。

【学校医による健康相談の流れ】※資料参照
①セルフチェックカードを家庭に持ち帰り、家族とともに自分の生活を振り返る。これをもとに自分のからだのことや悩みなど、学校医に聞いてみたいことを書く。
②カードを事前に回収し、学校医に届ける。カードは学校医に見せ、相談の準備をしてもらう。
③セルフチェックカードを本人に返却し、カードを持って内科検診を受ける。一人当たり３〜５分、子ども自ら質問や相談をし、学校医からアドバイスを受ける。
④検診後は隣の保健室で養護教諭との対話により、相談内容を深め、セルフチェックカードの裏面に記録させる。

【この実践のために工夫したこと】
①担任に事前にお願いし、検診するクラスの授業は個別学習にしてもらう。
②検診後、子どもの状態や質問を学校医から担任へ伝えてもらう。

　「ぼくはしゃべりすぎるといわれています」と相談した子どもは、学校医から「いい方法を教えてあげる。しゃべりたくなったらつばをごっくんって飲み込むんだ」といわれて、そのことを保健室でうれしそうに話してくれました。その子どもの担任は「確かによくしゃべるから注意してばかりいたんだ。でも本人も気にしていたんだな」と、その子どもに対する認識を改めてくれました。１か月後に廊下で声をかけると「ぼく、ごっくんってやってるよ」と実践を報告してくれました。

優れた養護教諭の語りからの学び

　健康診断は、いかに合理的な手順で子どもを動かすか、に焦点が行きがちです。しかし、この養護教諭は、目の前の子どもを中心に考え続けています。「子どものために」何が必要で、「自分には何ができるか。」これを問い続けることが創造的・発展的な仕事を生み出し、優れた養護教諭をつくるのだと思いました。

ステップアップのヒント

　ステップ１から２へ進むためには、健康診断を通して子どもに身につけさせたい力を明確にする必要があります。学校の健康課題の分析をもとに、子どもが健康に関する興味・関心を高めることができる健康診断を企画する力が求められます。
　ステップ２から３では、子どもの健康課題を捉える視点を、地域や家庭の状況や社会背景、学校全体の取り組みまで広げ、今見えている健康課題のみでなく、これから起こるであろう健康課題を予測しようとすることがポイントとなります。様々な情報を

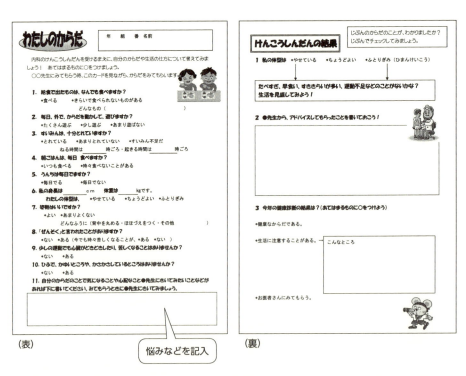

資料2-1　セルフチェックカード…自宅で家族とともに記入。自分の生活を振り返る。

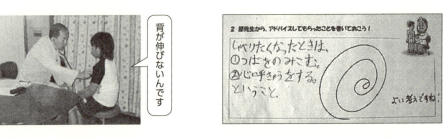

資料2-2　学校医と1対1で相談
　　　　　（1人3～5分）

資料2-3　「ぼく、しゃべりすぎるんです」
　　　　　と相談した子どもへのアドバイス

資料2-4　創造的・発展的な健康診断へ

収集し、課題の原因を考えたり、課題同士を関連付けて考える習慣をつけましょう。

　ステップ4では、地域保健との協働が求められます。学校内の人間関係づくりを上手にしている先生は多くいます。その対象を少しずつ広げていきましょう。保護者の方や地域の方にお会いしたとき、ちょっと声をかけてみることから始めれば、難しいことではありません。時間をかけてコツコツ声をかけ続けることで、情報交換やお願いができる関係にまで育つかもしれません。

　また、地域の保健センターの保健師、医師などとも積極的に連絡を取り合ってみましょう。協働の基礎は人間関係です。勤務時間や公的な機会にこだわらず、自分から人とのつながりを少しずつ広げていきましょう。人間関係は短期間で構築できるものではありません。焦らず、誠実に、自分らしく人と関わる姿勢こそ、いい仕事ができる関係づくりにつながります。

第3章　「救急処置」のスキルラダー

スキルラダーの意義の再確認

　養護教諭のスキルラダーを活用するときの基本は、例えば救急処置において、現時点ではここまでできているということを「自己評価」し、チェックできなかったところは、スキルラダー表に記載されている到達度の各項目の意味を考えてみます。このように、まだできていないことの確認や新たな視点を得ることによって、養護教諭の能力を向上させていこうというねらいがあります。つまり、スキルラダーは実践能力向上のための一つのツールだということです。

　さて、本章は「救急処置」がテーマです。

救急処置の事例

　下の状況を読んで、自分なら一連の対応として、どのようなことをすると思いますか？

> 　中学3年生のA子さん（女子）。体格は中肉中背で保健室に来ることは特に多くはありませんでした。体育の時間に先生の「集合」の声がかかり、みんなが走り出したときに、A子さんも走り出そうとして、つまずいて前方向に転びました。転んだ際に手には何も持っていなかったのですが、手をつくことができずに顔から転んでしまい、額と頬に擦り傷ができて、傷口から出血しています。
>
> 　A子さんも驚いたのでしょう。泣きながら友だちに連れられて保健室に来ました。額の傷は4cm（縦）×5cm（横）ぐらいです。両頬にも血がにじんでいます。

　さあ、どうしましょうか？　ユミ子先生、アサ子先生、サチ子先生の3人の救急処置の様子を見てみましょう。

【養護教諭歴1年目のユミ子先生の場合】

> 　A子さんに現在の症状について問診をしました。転んだ際の衝撃を額で受けたと考えて、頭部の打撲もアセスメントしています。
> 　擦り傷の痛みは訴えますが、頭痛や吐き気や、目の見え方に異常はないようです①。担任・保護者（共働きで、学校に来るまでに90分ほどかかる）と連絡を取り②、学校からよく連れていく外科医院に受診させることとし、養護教諭が引率していきました③。

14

第3章　「救急処置」のスキルラダー

　　外科医院では傷の処置をし、頭部のレントゲン写真を撮影して（異常なし）、感染防止の
　塗り薬を処方され、傷が治るまで通院することになりました。
　　学校に戻り、担任に報告後、医師からの注意事項などをまとめた保護者への手紙を書き、
　A子さんに持たせました④。

　「救急処置」のスキルラダー表（表３−１）を見てください。

　ステップ１の到達目標は「緊急時の体制が言える」「基本的な救急処置ができる」
「対応の振り返りができる」の３点で、到達度は「個別への働きかけ」だけで構成さ
れています。

　ステップ２の到達目標は「事故予防に向けた対策が行える」「来室状況を分析し、
いじめ・虐待・心因性の有無を判断できる」の２点で、到達度は「個別への働きか
け」と「集団への働きかけ」に分かれています。

　ステップ３の到達目標は「教職員や保護者を巻き込んだ事故予防対策がとれる」の
１項目で、到達度はステップ２と同様、「個別への働きかけ」と「集団への働きか
け」です。

　そして、ステップ４の到達目標は「事故予防に学校全体が主体的に取り組む体制を
つくれる」で、到達度は「集団への働きかけ」のみで構成されています。

　養護教諭１年目のユミ子先生は、ステップ１の到達目標の各項目が達成できている
でしょうか？

　下線①はステップ１の７「保健室に来室した子どもの主観的情報と客観的情報を区
別できる」とありますが、顔面の傷だけでなく、頭部の負傷も考えて、重要な主観的
情報を確認しています。また、下線②では学校のルールに従って報告をし、２「負傷
や疾病の際の校内体制を明示している」や５「学校における救急処置の基本的な考え
方を述べることができる」などができていて、担任と保護者との連絡調整をしている
ようです。下線③は13「負傷や疾病の程度に応じて病院搬送や早退などの判断ができ
る」、下線④では18「保健室で対応したことについて保護者に説明できる」が実施さ
れています。このように、ステップ１のスキルラダーの各項目が達成できているよう
です。

　しかし、目の前で起こったけがの救急処置に追われていたようで、いじめとの関係
性や救急処置の振り返りまでは考えられていなかったようです。

表3－1　「救急処置」のスキルラダー表

・スキルラダーはステップ1からステップ4まであります。それぞれのステップに対象が2つあります。「個別への働きかけ」と「集団への働きかけ」です（片方だけのこともあります）。
・それぞれの項目についてできていると思ったら「○」を、できていないと思ったら「×」をつけてください。
・ステップ1についてチェックが終了したのち、ステップ2に進んでください（×をつけたとしても、次のステップに進んでよい）。

ステップ1

到達目標		
	1	緊急時の体制が言える
	2	基本的な救急処置ができる
	3	対応の振り返りができる

個別への働きかけ

到達度		
	1	負傷や疾病の際の保護者への緊急連絡先の保管をしている
	2	負傷や疾病の際の校内体制を明示している
	3	負傷や疾病の際の受診先を明示している
	4	保健室に内服薬を置かないことの根拠を述べることができる
	5	学校における救急処置の基本的な考え方を述べることができる
	6	AEDと心肺蘇生法などの救命救急法を実施できる
	7	保健室に来室した子どもの主観的情報と客観的情報を区別できる
	8	保健室来室者の対応記録を主観的・客観的の両面からとることができる
	9	救急対応が必要な子どもの現病歴、既往歴を知っている
	10	保健室に来室した子どもの健康課題を把握し、説明することができる
	11	保健室で対応可能な救急処置かどうかが判断できる
	12	保健室で対応可能な基本的な救急処置ができる
	13	負傷や疾病の程度に応じて病院搬送や早退などの判断ができる
	14	判断した救急処置の根拠を述べることができる
	15	けがや身体的特徴を発見して、それがいじめや虐待と結びついているかどうか予測できる
	16	けがや身体的特徴を発見して、それがいじめや虐待と結びついているかどうか予測し、指導者などに相談できる
	17	保健室で対応したことについて担任や関係職員に連絡できる
	18	保健室で対応したことについて保護者に説明できる
	19	学校管理下の事故について事務処理ができる
	20	来室者に対して自分が行った対応を記録できる
	21	救急処置の対応などが適切だったかどうかを振り返り、指導者に報告し、自己評価することができる

ステップ2

到達目標		
	1	事故予防に向けた対策が行える
	2	来室状況を分析し、いじめ・虐待・心因性の有無を判断できる

到達度	個別への働きかけ		集団への働きかけ	
	1	経時的に来室者の対応記録などを分析し、傾向を判断できる	1	経時的に来室記録を分析し、傾向を判断できる
	2	来室者に対して経過を追うことができる		
			2	負傷や疾病が集団発生した場合に重症度を判断して対応できる
			3	負傷や疾病が集団発生した場合に保健室で対応したことについて保護者に説明できる
	3	来室の状況からいじめ・虐待・心因性の有無の判断ができ、担任や管理職に報告できる	4	事故予防のために保健だより、指導案や保健学習と絡めて教員に指導してもらえるよう依頼できる
	4	事故予防に関する留意事項を説明できる	5	事故予防のためにクラスで必要に応じて指導できる
	5	発生した事故・疾病に対して子どもに事故予防の指導ができる	6	個別の事例から集団の事故発生が予測できる
	6	発生した事故・疾病をきっかけに、それに対する救急処置を子どもに学ばせることができる		
	7	発生した事故・疾病に対して保護者に再発予防を働きかける		
	8	事故が起きた時の情報を収集し、対応策・予防策を立てることができる		

第3章　「救急処置」のスキルラダー

ステップ3

到達目標	1	教職員や保護者を巻き込んだ事故予防対策がとれる

個別への働きかけ	集団への働きかけ

到達度	個別への働きかけ		集団への働きかけ	
			1	教職員・保護者に向けた救急法等の研修会を実施し、評価することができる
			2	事故予防のために教職員に向けた研修会などで意識を高めることができる
			3	事故の管理体制を分析し、根拠を持って改善案が言える
	1	事故・疾病の再発防止に関して保護者の気づきを促すことができる		

ステップ4

到達目標	1	事故予防に学校全体が主体的に取り組む体制をつくれる

集団への働きかけ

到達度	集団への働きかけ	
	1	事故予防の校内体制をPDCAサイクルで回せる
	2	緊急の対応が集団で発生した場合、適切に対応できる

17

【養護教諭歴５年目のアサ子先生の場合】

　ユミ子先生と同じような対応を取りました。でも、何か腑に落ちません。中学３年生が転ぶときに、顔面から転ぶということは普通ではありえないという疑問が頭の中に残っているのです。友だちに後ろから押されて前のめりになってしまった？　いじめがあった？⑤。Ａ子さんは健康診断でも特に指摘事項はなく、保健調査による既往歴や自覚症状にも目立ったものはありませんでした⑥。保健室への来室も、昨年、インフルエンザの疑いで早退させたときのみでした。

　翌日、Ａ子さんは学校を欠席しました。２日後に出席したＡ子さんに「災害共済給付制度」の申請用紙を取りに保健室に来るよう担任から伝えてもらい、Ａ子さんに転んだときの様子を詳しく聞いてみました⑦。今日も友だちと一緒に保健室に来たＡ子さんは「急に集合の声がかかったので、慌てて走り出そうとしたら、つまずいてしまいました。誰かに押されたということはありません。自分はドジだから、時々、転んだりつまずいたりすることがあるんです。今のクラスは団結力があって楽しいです」とのことでした。

　アサ子先生はＡ子さんのけがの背景に「いじめはない」と判断し、安心しました。そして、Ａ子さんには余裕を持って行動するようにとアドバイスをしました。

　養護教諭歴５年目のアサ子先生は、下線⑤のように不自然な転び方に着目して、いじめの可能性があるのではないかと疑いました。それを「災害共済給付制度」の申請用紙を取りに来させるという自然な形で来室の機会を作り、いじめがないことを確認しています（下線⑦）。これはステップ２の「個別への働きかけ」の２「来室者に対して経過を追うことができる」にあたる実践であり、３「来室の状況からいじめ・虐待・心因性の有無の判断ができ、担任や管理職に報告できる」も実施しているといえるでしょう。

　また、下線⑥では、これまでの来室記録などを調べたうえで、Ａ子さんの状態が注意しなければいけないものかどうかを考えようとしています。これはステップ２の「個別への働きかけ」の１「経時的に来室者の対応記録などを分析し、傾向を判断できる」に該当します。しかし、聞きとりの対象をＡ子さんだけにとどめているという状況で、広く情報を得るところまで至っていません。アサ子先生の実践能力は、ステップ１から２への途上にあるというところかもしれません。

【養護教諭歴15年目のサチ子先生の場合】

　Ａ子さんの擦り傷にユミ子先生と同じような対応を取りました。そしてやはり、アサ子先生と同じように、Ａ子さんの転び方が腑に落ちません。

　まず、Ａ子さんが転んだという場所を見に行きました。グラウンドには穴があったり、突起物があったりするなどの危険なところはありませんでした⑧。

次に、担任にＡ子さんの最近の様子を聞いてみました。<u>いじめの可能性はないか、一瞬ぽーっとしたり忘れ物が多かったりしていないか（ある種のてんかん）、最近のＡ子さんの姿勢や動作、日常生活で気になることはないかといったことを聞いてみました⑨</u>。

　すると、いじめなどはないようですが、何となくＡ子さんが落ち着かない、姿勢が安定せず、ゆらゆら揺れている感じがするというのです。転びそうになって、友だちに支えられるようなことがあったということです。

　そこで、<u>養護教諭は学校医にこれら一連の様子を説明し、相談してみました⑩</u>。学校医からは脳神経系の疾患が隠れていることもあるかもしれないので、保護者からも様子を聞いて、専門医を受診したほうがよいのではないかというアドバイスを受けました。

　サチ子先生は担任と連絡を取ったうえで、<u>保護者に電話をしてけがの経過を聞くとともに、最近Ａ子さんの動きなどに気になるところがないかどうかを確認することにしました⑪</u>。すると、やはり家でも転んだり、ものを落としたり、変な動きがあるというのです。そのため、サチ子先生は<u>学校医と保護者との健康相談を実施することにしました⑫</u>。

　学校医の紹介で神経内科の専門医を受診したＡ子さんは「脊髄小脳変性症」という疾病が発見され、治療が開始されることとなりました。

　養護教諭歴15年目のサチ子先生は、Ａ子さんの不自然な転び方から、学校側に危険なところがあるのではないか、あれば改善が必要であるという考え方で、下線⑧にあるように実際の現場に行って、安全点検をしています。これはステップ２の「集団への働きかけ」の６「個別の事例から集団の事故発生が予測できる」にもとづいて確認に行ったということになります。

　また、下線⑨のように担任にもＡ子さんの最近の様子を確認しています。その際に、ただ漠然と「最近変わったところはありませんか？」ではなく、いじめやてんかん等の疾病に関する注意事項を挙げながら詳細に聞いています。そして学校医とも連絡（下線⑩）を取りながら、下線⑪にあるように保護者に状況確認をしています。これはステップ３の「個別への働きかけ」の１「事故・疾病の再発防止に関して保護者の気づきを促すことができる」に該当する行動だと考えられます。

　さらに、下線⑫のように学校医を活用して健康相談を行っています。けがの予防にも留意しながら担任・保護者・学校医と連携を取り、Ａ子さんのけがと関係しそうな疾病に注意を払っていることがわかります。この事例の対応だけでステップを判断することはできませんが、サチ子先生はステップ３レベルのスキルを持った養護教諭のようです。

　　❖…❖…❖…❖…❖…❖…❖…❖…❖…❖…❖…❖…❖…❖…❖

　ここに書いたのは、「転ぶ」という日常茶飯事の救急処置ですが、そこで何か違うという専門職としての“カン”を信じてＡ子さんの疾病の発見につなげた救急処置の

事例です。

　実はこの事例は、テレビドラマや映画にもなった『1リットルの涙』という実話にヒントを得て考えてみました。『1リットルの涙』の木藤亜也さん（1962年7月19日〜1988年5月23日）は、中学3年生のときに顔面から転んでけがをした際に、母親とともに医師を受診しました。医師から専門医の受診を勧められ、難病に指定されている「脊髄小脳変性症」が発見されました。普通高校に進学しましたが病状が進み、保護者の送り迎えや友人の援助がなくては学校生活が送れなくなり、当時の養護学校に転校しました。

　原作では養護教諭との関わりはほとんど出てきません。しかし、学校でたびたび転ぶ、顔面から転ぶという状況が現れていたら、養護教諭はどのように対応するのか？ということをイメージしながら事例を考えてみました。養護教諭1年目のユミ子先生でも、5年目のアサ子先生の対応でも、転倒の原因であった疾病につなげることはできませんでしたが、サチ子先生の「おかしさ」を追求する行動で、難病の発見につながったということになります。

ステップアップのヒント

　今回は外科的な救急処置を題材にして考えてみましたが、繰り返し訴えてくる頭痛や腹痛の中には、心因的なものもあれば、重大な疾病が背景にあって症状の一つとして現れている場合もあります。養護教諭の「おかしい」という"カン"を大事にして、自分の目で確かめる（現場の検証）、本人はもとより、日常生活を知っている人（担任、保護者）の話を聞く、さらにより専門的な意見を得るために学校医をうまく活用する、といったことで、ステップ3の到達目標である「教職員や保護者を巻き込んだ事故予防対策がとれる」に至っています。さらに、今後はA子さんの危険を最小限にするための学校環境や衛生管理も必要になってきます。そのような活動は、疾病管理・保健管理の活動に引き継がれていくことになります。

　さて、ステップ4の到達目標にある「事故予防に学校全体が主体的に取り組む体制をつくれる」とはどのような状況でしょうか？　学校保健目標等に「けがの防止」に関することが組み入れられており、それに向けた具体的な定期的活動（教職員による定期的な安全チェックや児童生徒による学校ハザードマップ作り等）が展開されている場合が想定されます。それらの活動による教職員や児童生徒の気づきから、さらに環境を改善していくというように、PDCAサイクルを展開させていく活動を行っている場合は、ステップ4に至っていると考えることができるでしょう。

第4章　「疾病予防・管理」のスキルラダー

命を守るだけ？　疾病予防・管理

　慢性疾患や障害を持つ児童生徒のいる学校は、近年増加しています。心臓疾患、腎臓疾患、アナフィラキシーを伴う食物アレルギー、てんかん…。これらを持つお子さんのいない学校はほとんどないでしょう。また、集団生活を送る学校においては、感染症の予防も大きな課題です。養護教諭は疾病の予防と管理という、子どもの命を預かり、失敗の許されない仕事を任されています。この責任の重さに苦しむ養護教諭も多いと思います。しかし、命を守るだけでは養護教諭の職務を果たしたとは言えません。学校における疾病予防・管理の目的は、学校保健安全法の言葉を借りれば「学校教育の円滑な実施とその成果の確保」、つまり、子どもの学習の能率の向上です。

　ある小学校では、担任からこんな話が出されました。

> 「3年2組の鈴木さんは、てんかんです。いつ発作が出るかわからないから、水泳は見学させるべきだと思います。どうしてもやらせるべきだというなら、保護者に付き添ってもらいましょう」

　水泳の時間、鈴木さんは友だちに言われます。

> 「なんであなたのお母さん、水泳見に来てるの？　ひょっとして、病気とかあるの？」
> 「いいなぁ。私もお母さんに来て欲しいよ。ずるい！」

　何も答えられず、ただ下を向く鈴木さん。

　こんなことが行われている学校が未だにあります。学校での子どもの安全確保は万全であるべきです。しかし、子どもが学ぶ機会を奪われることは、あってはならないと思います。子どもの世界は素直なだけに残酷な一面があります。子どもの心が傷つけられることなど、もってのほかです。

　養護教諭は、子どもの目線で考えています。安全と学習を両立させるためにできることが見つけられるはずです。スキルラダーで自分の実践を振り返りながら、考えてみましょう。

表4－1 「疾病予防・管理」のスキルラダー表

ステップ1

到達目標
1 日々の健康観察から子どもたちの健康状態の傾向を説明できる
2 感染症が発生した場合の基本的な対応をとることができる

	個別への働きかけ		集団への働きかけ
1	健康課題に対応するために、活用できる文献などを探すことができる	1	集団＊の健康課題に対応するために、活用できる文献などを探すことができる
2	朝の健康観察結果から感染症情報を収集することができる	2	市内の感染症発生状況を把握している
3	症状の程度に応じて、病院搬送や早退などの判断ができる	3	校内の感染症発生状況を把握して、適切な時期に学校医や管理職に報告できる
		4	学校医の指導のもと、感染拡大防止のための基本的な対策をとることができる
		5	感染症予防対策を根拠を持って説明できる
4	保健調査や健康診断などから継続的支援が必要な子どもを把握している	6	保健調査や健康診断の情報を整理して疾病の傾向を知ることができる
5	日常の健康観察から子どもの健康状況を把握している	7	朝の健康観察や日々の保健室利用状況を整理して健康状態を把握している
		8	健康観察の意図を持って、子どもたちと触れ合う機会を作れる
6	学校生活管理指導表に基づいて疾病管理ができる		
		9	集団の健康課題を把握している
7	継続的支援が必要な子どもについて、保護者・担任と連絡をとり、必要な支援を提供できる		
		10	疾患について子どもたちが持つイメージを説明できる

ステップ2

到達目標
1 健康課題の優先順位をつけることができる
2 健康課題の解決方法として関係機関や教職員の役割がわかる
3 健康課題に対して支援計画をもとに支援できる

	個別への働きかけ		集団への働きかけ
1	子どもが自らの健康課題を意識できるよう普段から声をかけられる		
2	文献などをクリティカルに読み、課題と関連づけられる	1	文献などをクリティカルに読み、集団の健康課題と関連づけられる
3	感染症が起きた時の情報収集・分析結果を関係者に報告できる		
4	発生した感染症の再発予防について子ども・保護者に指導できる	2	発生した感染症の再発予防のために、教員が指導するよう依頼できる
		3	学級閉鎖などの対応について、管理職に医学的情報や動向を伝えることができる
		4	発生した感染症の再発予防のために、集団に対して必要に応じて指導できる
		5	学校の実態に合わせて感染症予防対策をとれる
5	子どもの経時的な記録を追って疾病（やせ・低身長など）を早期に発見することができる	6	アンケートなどを経年的に行い健康課題を把握している
6	子どもの言動から健康課題を認識しているか判断できる	7	子どもの言動から健康課題を認識しているか判断できる
7	子どもの健康課題に関する発達・家庭の状況を説明できる		
		8	集団に対して必要な情報が何か説明できる
8	子どもの健康課題に対してできていることと、できていないことを説明できる	9	集団に対してできていることと、できていないことを説明できる
9	子どもの健康課題に優先順位をつける方法を説明できる	10	集団の健康課題に優先順位をつける方法を説明できる
10	個別の健康課題の優先順位をつけることができる	11	集団の健康課題の優先順位をつけることができる
11	子どもの健康課題に対して保護者支援の必要性を説明できる		
		12	集団の健康課題に必要な情報を学校外の機関に伝えることができる
		13	集団の健康課題に必要な学校外の機関の意見を収集できる
		14	集団の健康課題に対して相互の意見の中で判断して自分の立場を説明できる
		15	集団の健康課題に必要な教職員の役割を説明できる
		16	集団の健康課題に必要な関係機関の役割が相互の意見の中で説明できる
12	子どもの支援方法を説明できる	17	集団の支援方法を説明できる
13	子どもの健康課題の支援計画を立案し、説明できる	18	集団指導計画を立案し、教職員に説明できる
14	子どもの健康課題に対する短期目標、長期目標を設定できる	19	集団の健康課題の短期目標、長期目標を設定できる
15	子どもの健康課題の評価計画を立案することができる	20	集団の健康課題の評価計画を立案することができる
16	疾患を持つ子どもへの偏見によるいじめを早期発見できる		

＊集団：学級・学年・部活動など

第4章　「疾病予防・管理」のスキルラダー

・スキルラダーはステップ1からステップ4まであります。それぞれのステップに対象が2つあります。「個別への働きかけ」と「集団への働きかけ」です。
・それぞれの項目についてできていると思ったら「○」を、できていないと思ったら「×」をつけてください。
・ステップ1の「個別」と「集団」についてチェックが終了したのち、ステップ2に進んでください（×をつけたとしても、次のステップに進んでよい）。

ステップ3

到達目標
1. 潜在的な健康課題への支援ができる
2. 顕在的・潜在的健康課題への対策を学校保健活動に発展させられる
3. 子ども・家族の課題解決力を高める支援ができる

到達度

個別への働きかけ
1. 調査や研究結果の知見を個人の支援に役立てることができる
2. 子どもの発達・家庭状況・社会的背景を考慮して、健康課題を予測することができる
3. 子どもの発達・家庭状況・社会的背景を考慮した支援方法を説明できる
4. 子どもの健康課題の保護者支援を計画し、実行できる
5. 子どもの健康課題に対して根拠に基づいて専門的な立場から発言できる
6. 子どもの健康課題に対して保護者と意見を出し合い目的をすりあわせた上で合意できる
7. 子どもの健康課題に対して保護者の意見を理解し、調整できる
8. 子どもの健康課題に対して共通の支援目的を見いだす際に主導的な立場をとれる
9. 子どもの健康課題に対して教職員からの提案を考慮し、専門的な意見を述べられる
10. 子どもの健康課題に対して関係機関からの提案を考慮し、専門的立場から調整できる
11. 子どもが自らの健康課題を理解し、取り組む方法を選択できる
12. 子どもの健康課題に対して根拠に基づいて専門的な支援方法を説明できる
13. 子どもが主体的に取り組める目標を設定できる
14. 子どもの評価計画の根拠を説明することができる
15. 子どもの健康課題に対して効率的な支援方法を説明できる
16. 子どもの健康課題に対して根拠に基づいて教職員に説明できる

集団への働きかけ
1. 調査や研究結果の知見を現場に役立てることができる
2. 子どもの感染症の状況を判断し、健康教育を行える
3. 発生した感染症の再発予防のために、教職員の意識を高めることができる
4. 感染症の管理体制の不備に気がつき、根拠を持って改善案を言える
5. 集団の健康課題について根拠に基づいて養護教諭の立場から発言できる
6. 集団の健康課題に対して共通の支援目的を見いだす際に主導的な立場をとれる
7. 集団の健康課題に対して教職員からの提案を考慮し、専門的な意見を述べられる
8. 集団の健康課題に対して関係機関からの提案を考慮し、専門的立場から調整できる
9. 児童生徒保健委員会を通して子どもたちをやる気にさせる方法を複数持っている
10. 集団の健康課題問題を個別で解決できる方法を説明できる
11. 個別の問題を集団で解決する方法を説明できる
12. 集団の健康課題事例に対してエビデンスをもとに支援方法を説明できる
13. 子どもたちが納得できる目的・目標を設定できる
14. 集団の評価計画の根拠を説明することができる
15. 集団の健康課題に対して効率的な支援方法を説明できる
16. 集団の健康課題への対応について根拠に基づいて教職員に説明できる

ステップ4

到達目標
1. 疾病予防に対して関連機関との協働ができる
2. 健康課題に対してPDCAサイクルを展開できる

到達度

個別への働きかけ
1. 子どもの健康課題に対して教職員・関連機関と協働し、計画できる
2. エビデンスをもとに支援方法を計画できる
3. 効率的な支援方法を計画できる
4. 計画に基づいて実施し、モニタリングできる

集団への働きかけ
1. 集団への働きかけを教職員・関連機関と協働し、計画できる
2. 児童生徒保健委員会を通して子どもたちのやる気を維持できる
3. 集団の問題を子どもたち自身が主体的に解決できるように計画し、実行できる
4. 子どもの健康課題を集団で解決する方法を計画できる
5. エビデンスをもとに支援方法を計画できる
6. 効率的な支援方法を計画できる
7. 計画に基づいて実施し、モニタリングできる
8. 疾患を持つ子どもの発達を促進するような資源を活用・開発できる

「疾病予防・管理」のスキルラダー

　疾病予防・管理のスキルラダーでめざすのは、「感染症などの疾病を予防し、健康課題を持つ子どもの学習能率を最大限にするための体制づくり」です。この養護教諭像に近づいていくための行動のステップをスキルラダー（表4－1）に示しています。

　ステップ1から4までのそれぞれの項目について、できているか、できていないか、一つひとつ自分の実践を振り返りながら自己評価してみましょう。自分を褒めてあげられるところ、もっと努力すべきところが見えてくるはずです。しかし、中には、意味を理解できない項目もあるかもしれません。そういう項目にこそ、学ぶべき点が隠されています。あなたが尊敬するベテラン養護教諭に尋ねてみると、これからめざす実践や身につけるべき能力が見えてくると思います。

考えてみよう！

【ステップ1】

（個別への働きかけ：6）「学校生活管理指導表に基づいた疾病管理」が必要な子どもとそのポイントを担任と共有しましたか？

（集団への働きかけ：5）「感染症予防対策を根拠を持って説明」できますか？

【ステップ2】

（個別：13）「子どもの健康課題の支援計画を立案」しましたか？　また、計画を説明できますか？

（集団：3）「学級閉鎖などの対応について、管理職に医学的情報や動向を伝える」ための情報収集ができていますか？

【ステップ3】

（個別：13）「子どもが主体的に取り組める目標」とは、例えばどのようなものかわかりますか？

（集団：4）「感染症の管理体制の不備」がないか、問題意識を持って明確にしていますか？

【ステップ4】

（個別：1）「教職員・関連機関と協働し、計画できる」ためにはどんな体制が必要ですか？

（集団：5）「感染症予防の医学的・疫学的な最新情報（エビデンス）をもとに支援計画」を立てていますか？

第4章　「疾病予防・管理」のスキルラダー

優れた養護教諭の語り「疾病予防・管理」

＊このコーナーでは、優れた養護教諭へのインタビューで聞きとった11業務それぞれの実践を、できるだけ語られたままにご紹介します。

1）学級閉鎖って本当に必要？

　「インフルエンザの欠席率が2割になったら即、学級閉鎖」本当にそれでいいのでしょうか？

　毎年インフルエンザが流行すると繰り返される学級閉鎖。子どもたちは、クラスの2割が欠席すると「わー！　学級閉鎖だ！」「休み！　休み！」と大喜びです。それに反して保護者は暗い顔。保護者にも欠席が2割を超えると学級閉鎖になることは浸透しています。

　学校保健安全法第20条には、「学校の設置者は、感染症の予防上必要があるときは、臨時に、学校の全部又は一部の休業を行うことができる」と書かれています。学級閉鎖は、感染の拡大予防を目的に行われるのですが、どれくらい欠席したら閉鎖すべきなのか、その基準はどこにも書かれていません。にもかかわらず、実際には欠席率が2割を超えると学級閉鎖ということが常識のようになっています。

　学級閉鎖になると、学校には保護者からこのような声が上がってきます。

【罹患した子どもの保護者】
・学級閉鎖をすると、勉強の進度を心配せず安心して休める。
【元気な子どもの保護者】
・小学1年生だけど共働きだから、家に一人で留守番させるしかない。学校から家の外に出るなと言われると、友人宅に預けることもできない。ゲームに暴飲暴食、やりたい放題。ストーブで火傷したらと思うと怖い。
・3人兄弟。長男のクラスが学級閉鎖になった。長男のクラスが復帰したと思ったら次は次男のクラス、その次は三男のクラスが順番に学級閉鎖になった。母親はパートを3週間以上休むことになり生活に支障（収入減）が出た。
・学校は休みでも、月謝を払っているので習い事には通わせるという保護者がいる。
・学級閉鎖期間が終わったあとに、インフルエンザにかかり、自分だけ2週間近く学校を休んだ。回復してからも気後れして登校できず、その後不登校になってしまった。

　また、学校医、学級担任からはこのような声もあります。

【学校医】
・学級閉鎖は感染の予防には効果がないと考えている。インフルエンザが一人出た時点で学級閉鎖するならば一定の効果はあると思うが、2割欠席という時点では感染はすでに広がっているので、感染拡大を防ぐ効果はあまりないだろう。ただし、2割という数字は浸透し、慣習になっているので、学級閉鎖をしないと保護者は「学校が感染対策を怠っている」と感じ、不安になるのではないか。
【学級担任】
・欠席する子どもが増えれば実質は学級閉鎖しているようなもの。これまでの経験から、学級閉鎖してもしなくても感染の広がりに違いがないような気がする。

　この学校は、核家族かつ共働き家庭が多い地域にあります。学級閉鎖を負担に感じている保護者がかなりいました。もちろん、感染の拡大を防ぐために必要ならば、負担も引き受けていただかなくてはなりません。しかし、外出を避け、健康観察を強化・徹底するなど、効果的な休業にするには、保護者の協力を得るための、きちんとした説明が必要です。そこで、学級閉鎖について改めて調べることにしました。

2）学級閉鎖の根拠（エビデンス）は？
　なぜ学級閉鎖が必要なのでしょうか？　本当に感染拡大防止効果があるでしょうか？
　日本で初めて学級閉鎖が行われたのは、1957年（昭和32年）のアジアインフルエンザの流行が原因だったようです。この翌年、学校保健法が施行となりました。このときから約60年が経過していますが、これまで欠席者2割という数字が文部省・文部科学省から示されたことはありません。しかし、茨城県では、昭和52年の教育長通知で「学級等における欠席率が20％に達した場合は、学校医と相談し、学級閉鎖、学年閉鎖及び休校等の措置をとる」との措置基準が示されていました。その他にも一部の都道府県や市町村単位では、2割を目安としているところもあるようです。しかし、一番知りたかった「なぜ2割なのか？」、その根拠はわかりませんでした。
　現代の子どもは、栄養状態や住居（エアコンの普及）の改善、塾や大型ショッピングセンターでの他校区の子どもとの接触機会の増加など、数十年前とは生活環境が大きく変わっています。にもかかわらず、数字（2割）だけが現在も活き続けていることへの疑問はやはり消えません。
　さらにインターネットを使って調べました。見つけたのは、平成21年9月、文部科学省が学校宛に出した通知「新型インフルエンザに関する対応について」の基礎資料となった「新型インフルエンザ大流行時の公衆衛生対策に関する研究」（主任研究者・押谷仁）です（全国保健所長会HP；http://www.phcd.jp/02/kenkyu/chiikihoken/pdf/influ_2007_tmp07_07.pdf）。

これを見て一番驚いたことは、感染が広がってきた段階での学級閉鎖は日本では受け入れられているが、世界的に見ると稀だということです。詳しくは本文をお読みいただくとして、ひと言で言うと、欠席が多くなってからの休業措置に感染拡大を抑える効果はほとんどないというのです（ただし、感染が広がる前の早期の休業には効果があるそうです）。

　確かに、私もこれまでの経験で、学級閉鎖をしたから欠席が減ったと感じたことはありませんでした。また、このホームページには、学級閉鎖による経済的・社会的影響についても触れられており、核家族・共働きの多い地域では、特に慎重な判断が必要だとも書かれていました。こうなってくると、保護者を説得できるだけの材料は非常に乏しくなってきました。閉鎖の理由として言えることは、多数の発症した子どもが休むことで授業を進めることができないから、つまり、感染予防が目的ではなく、学校運営上必要があるということだけになります。

3）学級閉鎖をするか、しないか？

　今回調べたこと、欠席状況の推移を学校医や職員に伝え、話し合った結果、校長は「今回は学級閉鎖を見送る」と判断しました。このとき校長からは、ただし欠席の多いクラスでは授業の進度に配慮するように、との指示がありました。

　学級閉鎖をしないことになりましたが、養護教諭として流行をこのまま放っておくわけにはいきません。文部科学省「学校において予防すべき感染症の解説」（http://www.mext.go.jp/a_menu/kenko/hoken/1334054.htm）や厚生労働省「今冬のインフルエンザ総合対策について」（http://www.mhlw.go.jp/bunya/kenkou/influenza/index.html）を読み、感染症成立の三大要因である病原体、感染経路、感受性宿主それぞれについて以下の対策を考え、職員に提案しました。

・ドアノブやトイレ、手洗い場の消毒
・健康観察の強化により、感染者との接触を減らす（感染者の早期回復）
・咳エチケットや手洗いの徹底
・栄養バランスがとれた食事と規則正しい生活習慣、適度な運動で抵抗力を高める

　この中でも、様々な感染症予防の基本となる手洗いを中心に取り組むことにしました。

　2月某日、教室の気温は9度、手洗い用の水温は10度でした。休み時間は換気もしているため、手洗い場には風が吹き、きちんと手洗いをすると、手がかじかんで鉛筆が持てません。また、乾燥してあかぎれのある子どもも多く、単純に手洗いの指導をすればよいという状況ではないことがわかりました。改善策として、短時間で効果的

な手洗いができるよう、固形石けんから泡石けんに変更し、清潔なハンカチの持参やハンドクリームの携行の指導も手洗い指導と合わせて行いました。

翌週月曜日、欠席者は3分の1に激減しました。

学級閉鎖をしないことは、学校にとってはとても難しい決断でしたが、この地域、そして今回の欠席状況では、正しい対応であったと思っています。職員と保護者の共通理解のもと、学校全体が子どもの感染を防ぐために一つになれた気がしました。校長は、保護者や地域の方々に、学校の判断を丁寧に説明してくれました。保護者の方は、「ちょっと咳が出ているので休ませます」と予防的に欠席させてくれました。担任は、「普段できない補習ができたよ」と、少ない人数の授業にも臨機応変に対応してくれました。

優れた養護教諭の語りからの学び

この対応を聞いて、改めて多面的にものを見ること、当たり前のことにも疑問を持つことの大切さに気づきました。

学校の立場（こなすべき教育課程がある）、保護者の立場（経済面・保育）、子どもの立場（子どもの生命の安全は第一）、学校医の意見（子どもは学校だけにいるのではない）のメリット、デメリットのバランスを考慮して、対応を追及する柔軟さが必要だと思いました。適切な対応のためには、「本当かな？」「正しいのかな？」と疑問を持つ力（クリティカルシンキング）、「正しいとする理由」または「間違っているとする理由」の根拠（エビデンス）を調べる力、それを人にわかりやすく説明できる力が求められます。

子どもは社会環境、地域性の影響を受けながら生活しています。時代、地域が変われば常識も修正しなければなりません。創傷に消毒薬を使用しない湿潤療法が導入され、過換気症候群にペーパーバッグ法は意味がないと言われるなど、長年正しいと思っていた対応も変わってきています。子どもも社会も地域も変わる中で、永遠に変わらないものなどないのです。

ステップアップのヒント

ステップ1でも、確実に子どもの命を守ることのできる基本的な知識・技術が必要とされます。さらに2へ進むためには、支援計画を立案するために保護者や担任教諭、医療機関等からの情報収集ができる力が求められます。計画の中では、それらの多職種がそれぞれどんな役割を担うことができるかについても考慮すべきです。

ステップ2から3では、現在、現れている問題のみでなく、見えていない課題を顕

第4章　「疾病予防・管理」のスキルラダー

在化させることがポイントです。社会情勢や地域、家庭、学校の状況をもとに子ども
の実態を分析し、健康課題を予測するのです。子どものみでなく、取り巻く周りの状
況も関連させ、何が子どもにとって一番の問題であるのか、改善のためにできること
は何であるのか、様々な視点からの情報をもとに明確にしていきます。

　ステップ4では、地域の関係機関との協働が求められます。感染症が流行した時期
に地域の保健センターに情報を求めることから始めてみてはいかがでしょう。連携や
協働の始めの一歩はお互いの顔を知ることです。地域の健康づくりに関わっている人
には、どんな人がいてどんな仕事をしているのか、これがわかれば協働の基礎はでき
たと言えるでしょう。学校医とも大きな問題のない普段から、情報交換をする機会を
持つように心がけていくと、困ったときに必ず頼りになると思います。子どもとの協
働も大切な視点です。子どもが主体的に活動する気がなければ、健康の維持増進はで
きません。子どもたちがその気になって活動できる教育力、活躍の場を提供できる企
画力も身につけたいものです。

第5章　「安全管理」のスキルラダー

「安全」を「管理」するとは

　学校では子どもたちの安全の確保を保障することは最優先課題です。しかし、学校の管理下では子どもたちの安全を脅かすさまざまな事故や事件、災害などが発生しています。

　一般的に安全とは「心身や物品に危害をもたらすさまざまな危険が防止され、万が一事故や事件、災害が発生した場合には、被害を最小限にするために適切に対処された状態」と定義されます。危険を早期に発見し、その危険を取り除くことによって事故や事件が起こることを防ぐことが安全の基本なのですが、あらゆる事故や事件をすべて未然に防止することは残念ながら不可能ですし、地震や豪雨などの自然災害は防止することができません。そこで、万が一、事故や事件、災害が発生してしまった場合でも、適切かつ迅速に対処することによって被害を最小限に抑えることが可能となっている状態は安全と定義されるようになっています。

　では、学校で子どもたちの安全を脅かす事故や事件、災害が発生してしまったら、どのように対応したらよいのでしょうか？　次の事例から学校での安全管理について考えてみましょう。

【安全管理の事例】

先生、大変！　学校のすべり台から子どもが落ちて頭を打った！

　ある月曜日の17時ごろ、放課後、一旦家にかばんを置いてから学校に遊びに来ていた小学3年生の男子が、校庭にある高さ2.5メートルのすべり台から落下し、頭を強く打って倒れました。一緒に遊んでいた子どもが近くにいた中学生に助けを求め、中学生が職員室へ教員を呼びに行きました。

　保健室にも連絡が入り、養護教諭と職員室にいた教員でまず倒れている児童の状況を確認したところ意識が朦朧としていたため、養護教諭の判断で119番通報し、救急隊到着まで養護教諭を中心に救急処置を行いました。救急処置を行いながら養護教諭は教員の役割分担を指示し、担任は病気休暇を取っていたため手の空いている教員が保護者へ連絡、管理職は教育委員会への報告、救急隊との連絡係の教員は電話で状況報告などをしながら救急隊の到着を待ちました。

　17時20分に救急車が到着し、17時30分に母親が到着、そして到着した救急隊員の判断により要請されたドクターヘリが17時35分に到着し、母親が同乗して第三次救急指定病院へ搬送されました。

第5章　「安全管理」のスキルラダー

　この事例は終業時に発生した事故のため、厳密に言うと学校の管理下にはなりません。しかし、このような事故は全国のどこでも、どんな校種でも発生する可能性があるため、安全管理の事例として今回、取り上げました。

　このような事故が発生した際の養護教諭の動きは、まずは、意識の確認、救急車の要請、AED、気道の確保、回復体位、保温などの救急処置を行うことです。そして同時に、他の教員に役割分担を指示し、保護者への連絡、目撃者からの情報収集を行い、管理職への報告、管理職から教育委員会への報告も確認します。

　学校では大勢の子どもが集団で活動しているため、事故や事件によるケガの発生を0（ゼロ）にするにはかなりの努力を要します。そして、さまざまな状況を想定した事故防止対策を考えていても、教職員が予想もしなかった動きや遊び方などでケガをする子どもがいるため、さらに万全の態勢を考え安全を管理する必要があります。

安全管理のスキルラダー

　安全管理のスキルラダー（表）は、「事故や事件の発生を未然に防ぐとともに、事故や事件、災害発生に対する準備や発生時に多職種と連携して救護ができるようになること。そして事故や事件、災害の発生後は子どもたちの心のケアなどの事後対応ができるようになること」を目指しています。

　この事例では、まず「この事故は本当に防ぐことができなかったのか？」という点がステップ1の「校内の危険箇所の早期発見」につながります。危機管理に関するマニュアルを基に、遊具の状態に不備はなかったか？　安全点検をしていたのか？　子どもたちの遊具の遊び方に問題はなかったのか？　など、子どもたちに危害をもたらす危険性や子どもたちの好奇心や行動特性を踏まえたさまざまな視点からの事故防止対策を改めて確認する必要があるでしょう。

　救急隊到着後は、管理職に報告しながら、管理職の指示に従います。これはステップ2となりますが、マニュアルでは指示系統は管理職に統一していても、意識を失ったり大出血したりしている子どもの状態を見ると教員も管理職も気が動転することが多いため、養護教諭は落ち着いて対応し、管理職への確認も行うと良いでしょう。

　この事例では……

　養護教諭はかけつけた母親に付き添い、倒れている子どもを見て気が動転している母親へ状況説明をするとともに励ましの言葉をかけるなどの精神的サポートを担いました。

　また、他の教員はドクターヘリが到着することがわかったため、校庭にヘリが降りることができるようにするための準備をしたり、報道機関への対応、警察、消防への対応を行いました。教育委員会職員もすぐに来校したため、管理職が現状を報告し指示を仰ぎました。

31

表5−1 ［安全管理］のスキルラダー表

・スキルラダーはステップ1からステップ4まであります。それぞれのステップに対象が2つあります。「個別への働きかけ」と「集団への働きかけ」です。
・それぞれの項目についてできていると思ったら「○」を、できていないと思ったら「×」をつけてください。
・ステップ1の「個別・集団」についてチェックが終了したのち、ステップ2に進んでください（×をつけたとしても、次のステップに進んでもよい）。

ステップ1

到達目標
1 各種マニュアル（自校・県・国）を読み、学校の方針と養護教諭の役割を理解できる
2 校内危険箇所の早期発見ができる
3 保健室に必要な災害時の準備ができる

個別への働きかけ・集団への働きかけ

到達度
1 自然災害時のマニュアルを読み、避難場所を説明できる
2 自然災害時のマニュアルを読み、養護教諭の役割を説明できる
3 自然災害発生時、保健室で対応可能な救護を子どもたちに行える
4 自殺発生時のマニュアルを読み、養護教諭の役割を説明できる
5 事故や事件発生時のマニュアルを読み、養護教諭の役割を説明できる
6 校内巡視などを行い、危険な場所を発見できる
7 危険な場所を発見した場合、関係者に報告できる
8 学校管理下の事故発生状況を把握して、関係者に報告できる
9 自然災害時における保健室用の備品を整備できる
10 要支援児童生徒をリストアップしておくことができる

ステップ2

到達目標
1 事故や事件、災害発生時、管理職の指示に従がら対応ができる
2 子どもたちの状況に合わせて災害時の備品を準備できる
3 子どもたちの状況に合わせて保健に必要な災害時の準備ができる

個別への働きかけ・集団への働きかけ

到達度
1 自然災害発生時、保健室で対応可能な救護を地域住民を含めて行える
2 自然災害発生時、子どもたちの健康に関する情報収集を行える
3 自殺発生時、管理職からの指示を受けながら心のケアチームの一員として行動できる
4 事故や事件発生時、管理職の指示を受けながら心のケアチームの一員として行動できる
5 事故や事件発生時、子どもたちへの対応をスクールカウンセラーと連携しながら行える

ステップ3

到達目標
1 多職種と連携して事故や事件、災害時の救護を行うことができる
2 事故や事件、災害発生後の心のケアができる
3 安全管理の体制に関して養護教諭の立場から積極的に関与できる

個別への働きかけ・集団への働きかけ

到達度
1 自然災害発生後、多職種と連携して救護を行える
2 自然災害発生後、身体症状を示す子どもたちへの対応（専門機関受診の判断、心のケアなど）を行える
3 自然災害発生後、教職員・保護者と連携をとり、PTSDなどに予防的に対応できる
4 自殺発生後、スクールカウンセラーと連携しながら子どもたちに具体的なケアを行える
5 自殺発生後、身体症状を示す子どもたちへの対応（専門機関受診の判断、心のケアなど）を行える
6 自殺発生後、教職員・保護者と連携に対応できる
7 事故や事件発生後、子どもたちに具体的なケアをスクールカウンセラーと連携しながら行える
8 事故や事件発生後、身体症状を示す子どもたちへの対応（専門機関受診の判断、心のケアなど）を行える
9 事故や事件発生後、教職員・保護者と連携をとり、PTSDなどに予防的に対応できる
10 事故や事件後の管理体制を分析し、根拠を持って改善案が出せる

ステップ4

到達目標
1 災害・自殺・事故・事件発生への予防生への予防的教育を計画的に展開することができる

個別への働きかけ・集団への働きかけ

到達度
1 自然災害後における自他の健康の保持について教育課程の中に位置づけられる
2 自然災害時・保護者に自然災害後における健康の保持について教育を行える
3 教職員・保護者に重大事故発生後における健康の保持について教育を行える
4 自殺予防について教育課程に位置づけられる
5 事故や事件発生前・後の対応について教育課程に位置づけられる

第5章　「安全管理」のスキルラダー

> 　ドクターヘリの離陸後は、事故現場を目撃した子どもの心のケアが必要と考え、目撃した子どもの保護者への電話連絡を各担任に、翌日のスクールカウンセラー来校の要請を管理職に依頼したのち、養護教諭は校長と一緒に搬送先の病院へ同行し、医師および保護者から経過を聞きました。
> 　校長は車で1時間離れた病院へ自分で運転して行くと言いましたが、重大事故の発生によりかなり動揺している様子がうかがえる中で運転して行くのは危ないこと、教頭は報道対応等で学校を離れられないこと、また、医師より事故直後の状況に関する説明を求められるかもしれないことを想定し、養護教諭が校長と一緒に病院へ同行することを申し出ました。

　実際に病院では、事故現場の状況や意識の消失時間、現場で行った救急処置などを問われましたが、養護教諭より説明することができ、治療に有用な情報を得られたと感謝されました。これはステップ3の「多職種と連携して事故や事件、災害時の救護を行うことができる」につながります。

事後対応

　事故や事件の発生後は、その事後対応に課題が移ります。負傷者の速やかな回復を援助するとともに、学校では教育活動の正常化を速やかに図り、子どもの学習活動を保障することが求められます。この事例では負傷者は病院到着後、意識が回復し、2週間入院したのち登校を開始しましたが、入院中も養護教諭を中心に保護者と連絡を取り、負傷者の現状を教員へ報告し、より良い形で学校へ復帰できるように手助けをしました。

　また、負傷者や他の子どもの心身の健康に配慮したケアを行うと同時に、教職員間での情報の共有、保護者や警察にその後の経緯を説明する必要があります。

> 　事故の翌日は臨時全校集会で校長より子どもたちへ事故の概略説明があり、その後、スクールカウンセラーと連携し心のケアを行いました（ステップ3）。スクールカウンセラーは、事故を目撃した子どもや受傷した子どもと同じクラスの子どものケアを中心に行い、養護教諭はそれ以外の子どもを担当しました。
> 　少し時間をおいて開かれた全校集会では、健康安全担当教員から遊具での安全な遊び方に関する具体的な説明を行いました。同時に学校安全計画を見直し、今後、同じような事故が再発しないための防止策を教職員全員で検討しました（ステップ4）。
> 　また、教員から「事故後、子どもを校庭や遊具で自由に遊ばせるのが怖くなった」という不安の声が聞こえるようになったため、そのような気持ちになってもおかしくないことに共感し、教員へのケアも丁寧に行いました。

事例のような重大事故や事件が発生し、ＴＶや新聞等で報道されると、学校にマスコミからの取材等が殺到することもあります。この事例でも夕方のニュース番組で報道された直後から学校の電話が鳴りっぱなしになり、対応していた教頭から病院に向かう校長の携帯電話に何回も相談が入りました。同乗した車中で養護教諭が携帯電話を取り次ぐなど、校長をサポートしました。

優れた養護教諭の語りからの学び

今回紹介した事例の養護教諭は、看護師としての病院勤務経験がある方ですが、目の前で意識が朦朧として倒れている子どもを実際に目の当たりにし、一瞬、頭の中が真っ白になったそうです。しかし、大きく深呼吸して自分を落ち着かせて、養護教諭の自分がしなければいけないことを一つひとつ整理しながら対応したと話していました。

文部科学省は平成26年度に「学校事故対応に関する調査研究」有識者会議を設置し、学校管理下で発生した事故や事件、災害に対し、学校及び学校の設置者が適切な対応を図るための調査やヒアリングを行ってきました。そして学校の危機管理の在り方、事故を未然に防ぐ取組や再発防止策、第三者委員会など調査組織の必要性や在り方等をまとめて、平成28年３月に「学校事故対応に関する指針」を公表しました。

この指針は「１．事故発生の未然防止及び事故発生に備えた事前の取組」から始まり、「２．事故発生後の取組」「３．調査の実施」「４．再発防止策の策定・実施」「５．被害児童生徒等の保護者への支援」とつながり、今回紹介した安全管理のスキルラダーと同じようなステップで進行しています。有事における養護教諭の専門職としての的確な判断や指示は、事故や事件、災害の被害をできる限り最小にするために必要不可欠であることを自覚し、今回の指針を踏まえて常に万全の対策を考えておきましょう。

ステップアップのヒント

学校安全に関しては、従来、学校の事故防止や児童生徒の安全能力の育成について研究がなされてきたのに対して、近年では学校の危機管理と合わせた研修が企画・運営されるようになってきました。この背景には、学校が危機に対して適切に対処するだけではなく、危機を未然に防ぐという時代的な要請が強くなり、その中で学校安全が位置づけられるようになってきたことが考えられます。

また、近年、地震や台風、竜巻などの自然災害による被害が大きく取り上げられるようになりました。自然災害は未然に防ぐことはできませんが、注意深く気象情報な

どを見ることによって、その被害が最小限になるような対応策を立てることはできます。例えば学校の裏に山があるので豪雨の際は土砂崩れの危険性を確認する、海や川の近くの学校であれば地震の際は津波情報を確認するなど、臨機応変に対策を立てていきましょう。

　安全管理のスキルラダーを参考にして、子どもたちの安全を確保できる学校安全管理について、教職員全員で再検討してみましょう。

第6章 「健康相談」のスキルラダー

　健康相談は、学校保健法のもとでは、学校医や学校歯科医が行うものとして扱われてきました。一方、平成20年に改正された学校保健安全法では、健康相談は「養護教諭その他の職員が行う」と位置づけられました。『教職員のための子どもの健康相談及び保健指導の手引』（文部科学省、平成23年）」には「学校における健康相談の目的は、児童生徒の心身の健康に関する問題について、児童生徒や保護者等に対して、関係者が連携し相談等を通して問題の解決を図り、学校生活によりよく適応していけるように支援していくことである。具体的には、児童生徒・保護者等からの相談希望、健康観察や保健室での対応等から健康相談が必要と判断された児童生徒に対し、心身の健康問題の背景（問題の本質）にあるものを的確にとらえ、相談等を通して支援することである。」とされており、養護教諭は関係調整を図りながら進めていくことが求められています。

　さて、今回はミホ子先生の体験から健康相談のスキルラダーを考えてみたいと思います。

転勤したベテラン養護教諭・ミホ子先生

　ミホ子先生は養護教諭経験20年のベテランです。今年、Ａ小学校に転勤となりました。Ａ小学校は１学年３クラスずつあり、児童数は560人の学校です。都市の中にありますが、周りには住宅が多い地域です。Ａ小学校は創立90年を迎えていることから分かるように、歴史的に古い地域にあります。そんな中でも、古い住宅の跡地に新たにマンションがいくつか建ち、転入して来た新たな住民も多い地域です。ミホ子先生は転勤にあたり、Ａ小学校の経営方針を学校のホームページから見てみました。なるほど、地域との連携を重視している学校であることが分かりました。

Ⅰ．学校経営の基本的な方針
　保護者や地域から信頼される「地域の教育機関」となるよう、全職員の力と情熱を結集し、教育活動の一層の充実・発展をめざす。
〈めざす学校像〉
①子どもたちが誇りにする学校
・一人ひとりが認められ、生きることに喜びと自信を持つことができる。
②教職員が誇りにする学校
・研究と研修を土台にして、教育者としての自信と意欲を持つことができる。

第6章　「健康相談」のスキルラダー

③保護者・地域が誇りにする学校
・地域・保護者から信頼され、A小学校に子どもを預けてよかったと思うことができる。

気になるB子の発見

　ミホ子先生は4月に全校児童の前で挨拶をしました。その時、3年生の女児でひときわ身長が低い子が目にとまりました。キョロキョロとする態度も気になりました①。

　さて、早速、健康診断がスタートしました。4月の身体測定結果を見ながら、先日気になった身長の低いB子の測定結果を見ました。また、これまでのデータを元に成長曲線も記入してみました。身長・体重ともに3％の基準線を下回っていることが分かりました②。そこで、これまでの養護教諭の執務日誌などからB子の情報を集めてみました。B子は転んだり、ぶつかったりして、時々保健室に来ていたようでした。しかしながら、それ以上の情報は見つけられませんでした。そこで、担任に様子を聞いてみることにしました。担任も新任の人でしたので、2年生の時の前担任に聞いてみることにしました③。

【前担任から聞き取ったこと】
　体格は前から小さかった。学校では給食もよく食べるし、ちょこまかと動き回る落ち着きはないが元気な子。かたづけができず、机の周りが散らかっている。宿題は雑な仕上がりである。成績は中ぐらいで学業については大きな問題はない。家庭状況は両親が揃っており、父親は会社員、母親は専業主婦、幼稚園（年長）の妹がいる。自宅はマンションで、経済的に困っているような状況ではないようだ、ということでした。

　養護教諭は転勤によって新しい学校に勤務することになると、子どもや学校の情報把握を一から始めることになります。その際に、前任者との引継ぎはもちろん大切ですが、養護教諭の立場としては、健康診断や保健調査などの結果も重要なデータとなります。

　ミホ子先生はベテランの視点でB子に注目しました（下線①）。そして、その視点を確かめるために、下線②のように、ステップ1の10「既存資料から子どもの健康に関する情報を抽出できる」のスキルを使っています。さらに、関係する情報を収集するためにステップ1の11「保健室に来室する子どもの情報を担任から得ることができる」、ステップ1の12「保健室に来室する子どもの家庭環境、家族関係の情報を校内関係者から得ることができる」を使っていることが分かります（下線③）。

表6－1　「健康相談」のスキルラダー表

・スキルラダーはステップ1からステップ4まであります。それぞれの項目についてできていると思ったら「○」を、できていないと思ったら「×」をつけてください。
・ステップ1についてチェックが終了したのち、ステップ2に進んでください（×をつけたとしても、次のステップに進んでよい）。

ステップ1		ステップ2	
到達目標 1　基本的な健康相談の方法を説明できる		**到達目標** 1　発達段階と健康状態を照らし合わせて課題を判断し、支援計画を立案して実践できる	
2　指導のもと健康相談を行うことができる		2　子どもの発達段階を考慮した健康相談ができる	
1　健康相談が必要な子どもを抽出する方法を説明できる			
2　相談時に必要な倫理的配慮を説明できる		1　相談内容に応じて情報共有の範囲を判断することができる	
3　相談内容を学校で共有する承諾を当事者に得ることができる		2　自分の行った健康相談について倫理的な判断を説明できる	
		3　相談内容に応じてグループを作ることができる	
4　相談内容を記録することができる		4　事例を客観的・主観的情報に分類して記録することができる	
		5　校区の繁華街の状況、祭りなどの文化的催し物を把握し、事前に起こり得る問題を予測できる	
5　子どもの発達段階を説明できる		6　発達段階と健康状態を照らし合わせて健康課題を判断できる	
		7　子どもへの対応を検討するために集団の発達段階・自尊感情の傾向を捉えることができる	
6　学年に応じた自尊感情の特徴を説明できる		8　子どもとの会話から自尊感情のレベルを判断できる	
		9　子どもの健康課題への認識・理解度を把握できる	
		10　支援による子どもの変化を把握しながら、どのような支援が適切なのか説明できる	
7　子どもの課題や悩みを把握する方法を説明できる		11　子どもとの会話から子どものニーズを把握できる	
		12　保護者との会話から保護者のニーズを把握できる	
		13　家庭環境・家族関係について意図的、かつ不快感を与えないよう子どもに質問できる	
8　保健室に来室する子どもに、心理的要因を含めた問診・触診ができる		14　基本的なカウンセリング技法を用いることができる	
9　子どもの表情や言動など、反応を見ながら傾聴ができる		15　養護教諭の特性を生かしてスキンシップをはかることができる	
		16　子どもの話を傾聴しつつ、関係を調整できる	
		17　保護者の話を受容し良好な関係を構築できる	
10　既存資料から子どもの健康に関する情報を抽出できる		18　健康課題に対する保護者の理解を促すことができる	
11　保健室に来室する子どもの情報を担任から得ることができる		19　保健室に来室する子どもの情報の照会を管理職（該当担当者）に依頼することができる	
		20　子どもの健康相談に関して教職員と情報交換ができる	
12　保健室に来室する子どもの家庭環境、家族関係の情報を校内関係者から得ることができる		21　保健室に来室する子どもやその家庭について、外部機関から情報を得ることができる	
		22　支援に関わる専門機関や専門職がわかる	
		23　保健室に来室する子どもの保護者から情報を得ることができる	
		24　保健室に来室する子どもの友人から本人の不利益にならないよう配慮しながら情報を得ることができる	
		25　健康課題について家族の養育力をアセスメントできる	
		26　子どもの持つ力（強み）を説明できる	
		27　集団の持つ力（強み）を説明できる	
13　子どもの課題や悩みについて得た情報や支援方法について、指導者、担任、管理職などに報告・相談できる		28　教職員の力を活用する視点で支援計画を立案できる	
		29　保護者の力を活用する視点で支援計画を立案できる	
		30　子ども同士の力を活用する視点で支援計画を立案できる	
		31　立案した支援計画を管理職・校内職員に提案することができる	
		32　事例に関する資料をわかりやすく作り、関係者に提示できる	
		33　支援について根拠法や条例、最新情報、知見を説明できる	
14　対応が適切だったかどうかを振り返り、指導のもと自己評価することができる		34　実施した支援を評価できる	
15　来室時の様子からいじめ・虐待の状況を収集することができる（体の傷・受け答えの様子など）		35　子どもの身体的（身長・体重の伸びが悪い）・精神的状況から、いじめ・虐待の存在を予測することができる	
		36　いじめ・虐待の事例に対して保健室で子どもの訴えを聞くことができる	
		37　いじめ・虐待が予測できる場面を見た場合に、いじめの存在を子どもに確認できる	
		38　いじめ・虐待を受けている子どもの相談にのることができる	
16　いじめ・虐待を発見した場合、直ちに担任や管理職に報告できる		39　いじめ・虐待予防のための学校の取り組みに専門的視点から助言し、協力することができる	
		40　子どもの言動からいじめ・虐待に関する情報を収集できる	
		41　いじめ・虐待に関する関係機関の情報を提供することができる	
		42　いじめ・虐待に関する関係機関の広報ができる（ポスター掲示・保健だより等への掲載）	
17　文部科学省などから発信されるいじめ・虐待に関する情報を確認している		43　文部科学省などがいじめ・虐待に関して発信している有用な情報を教職員に発信できる	
		44　文部科学省などがいじめ・虐待に関して発信している有用な情報を活用できる	

＊ニーズとは：対象者（集団）が持つ課題や悩み。顕在ニーズとは：対象から明確に表現されたニーズ。潜在ニーズとは：対象者がまだ気づいていない、または表現できないニーズ。
＊集団とは：学級などの子どもの集団を指す。

第6章 「健康相談」のスキルラダー

ステップ3

到達目標
1	保健室登校・いじめ・虐待などの困難事例を扱うことができる
2	担任、保護者、外部機関と連携してチーム支援することができる
3	健康相談についてPDCAサイクルを展開させることができる

到達度
1	子どもに関する情報を伝えた先を管理職に報告できる
2	外部機関と連携をとる際に当事者の了解を得ることができる
3	情報共有の範囲と情報の内容を記録できる
4	地域の社会的な背景が子どもに与える影響を予測し、対応できる
5	学年ごとの自尊感情の傾向を判断し、対策の優先順位をつけることができる
6	子どもの健康課題に対する認識を判断し対策を立てることができる
7	子ども自身が納得できる目的・目標を設定できるよう支援できる
8	子どもと保護者の両方の会話からニーズを把握し、判断できる
9	子どもと保護者の両方のアンケート結果などからニーズを把握できる
10	子どもとの会話から保護者のニーズを推測し、説明することができる
11	集団の関心・興味を把握し、説明できる
12	子どもの内省を促す質問ができる
13	既存情報（健康診断など）と子どもと保護者、教職員のニーズを包括的に分析できる
14	教職員と協力関係を築くことができる
15	事例への理解を促すために教職員向けの勉強会を行うことができる
16	子どもの家庭環境や文化的背景を理解して支援ができる
17	事例について養護教諭の会合などで検討し、解決策を探ることができる
18	複雑な家族背景を持ったケースについてアセスメントができる
19	事例を家族ケアの理論に照らし合わせて判断し、説明できる
20	困難な健康課題のある子どもの持つ力（強み）を把握し、見出すことができる
21	根拠を持って集団の持つ力（強み）を挙げることができる
22	困難な健康課題を持つ子どもに対して支援計画を立案できる
23	気になる子どもの家庭環境について把握し、子ども自身に力がつくような支援ができる
24	子どもを通した働きかけを計画し、担任と協働して行うことができる
25	子どもが自分で方法を選択できる機会を作ることができる
26	子どもの家庭環境や文化的背景を理解し、多機関と協働してチームとして支援できる
27	個別の問題を集団で解決する方法を説明できる
28	事例に対して目的に応じた評価を、根拠を示してまとめることができる
29	経時的に来室記録を分析し、支援の不足部分を挙げることができる
30	支援計画を評価し、見直しができる
31	事例を一般化して、保健だより等で伝えることができる
32	いじめ・虐待事例に対して子どもの言動から状況を判断し、会議で発言（発達の視点や、家族支援の視点から）できる
33	いじめ・虐待に関する保健教育を学校保健計画に位置づけることができる
34	保護者向けのいじめ・虐待予防教育を学校保健計画に位置づけることができる
35	虐待が起きた時の情報収集・分析結果を関係者に報告できる
36	虐待に関して保護者に適切な情報機関を紹介できる

ステップ4

到達目標
1	本人・家族もしくは保護者が主体的に取り組めるような支援を行うことができる
2	子ども・家族・教職員・養護教諭・関係機関を組織化することができる

到達度
1	クラスに情報提供する際に関係者間で調整を行うことができる
2	健康課題を持った子どもの保護者の仲間作りを支援することができる
3	解決支援能力を高めるために事例をまとめてスーパービジョンを受けることができる
4	子どもの健康課題への理解を促すために保護者向けの勉強会を行うことができる
5	ピアカウンセリングの組織・体制を作ることができる
6	子どもの健康課題の支援計画に保護者を参画させることができる
7	支援チームのリーダー的役割として機能することができる
8	教職員からの提案を尊重しつつ根拠を持って判断し、養護教諭の意見を述べ調整することができる
9	いじめを集団で解決できる
10	教職員に対して教職員研修を企画・開催することができる

Ｂ子との保健室での関わり

　そんな時です。Ｂ子が保健室にやって来ました。昼休みに運動場で転んで、膝を擦りむいたと言うのです。ソックスを脱がせて膝の擦り傷を洗っていると、足首に変なアザがあることに気がつきました。「これはどうしたの？」と聞いても、答えません。「こっちも見せてね」と言って、もう片方の足首も見たところ、やはり足首を取り巻くようなアザがありました。

　ミホ子先生は、どうしたらこんな部位にアザができるのか想像ができませんでした。しかし、発育が悪いこと、落ち着きのなさに合わせて、このアザについてのＢ子の発言がはっきりしないことが気になりました④。そこで、まずはＢ子との関係性を築いて、様子を把握することが大事だと考え⑤、「明日も傷を見てあげるから、保健室においでね」と言って教室に返しました。

　翌日、Ｂ子は保健室にやって来ました。擦り傷に当てたガーゼは取り替えられたような様子はありませんでした。ガーゼを替えながら家庭での状況を聞くと、「家に帰りたくない」と言いますが、それ以上は話しませんでした。

　ミホ子先生は発育の悪いことを糸口として学校医の健康相談の機会を設定しようと考えました⑥。早速、担任に相談の上、教頭にＢ子を学校医の健康相談に入れたい旨を相談し、了解をもらいました⑦。ミホ子先生は学校医を訪問し、状況を説明しました。また、保護者宛の文書を作成して、学校に来てもらえる日程を調整しました。校長は市立幼稚園に連絡し、妹の様子を確認してくれましたが⑧、妹の発育状態は良好で日常生活上に気になるところはないということでした。

◈ … ◈ … ◈ … ◈ … ◈ … ◈ … ◈ … ◈ … ◈ … ◈ … ◈ … ◈ … ◈ …

　ステップ２では到達目標に「子どもの発達段階を考慮した健康相談ができる」という項目があります。小学校３年生になったばかりのＢ子が自らの健康課題を意識して口に出せるかというと、なかなか難しいものがあります。ミホ子先生は児童虐待の疑いも視野に入れつつ、保護者とともにＢ子の状況を把握し、できるだけ早く専門機関に繋げるために学校医を活用した「健康相談」を企画したということになります。

　下線④のように、アザについて尋ねた時のＢ子のはっきりしない様子から、ミホ子先生は何かあると感じており、ステップ２の11「子どもとの会話から子どものニーズを把握できる」、ステップ２の35「子どもの身体的（身長・体重の伸びが悪い）・精神的状況からいじめ・虐待の存在を予測することができる」ができていると言えます。

　また、医師の健康相談を設定するため（下線⑥）、担任や教頭にも話を通し（下線⑦）、校長が幼稚園への照会をしてくれています。これはステップ２の19「保健室に来室する子どもの情報の照会を管理職（該当担当者）に依頼することができる」にあ

たると言えます（下線⑧）。

学校を抜け出したB子

　その３日後、養護教諭が保護者との日程調整をしていた時です。B子が学校を抜け出しました。教職員で学校の近隣を探しましたが、見当たりません。警察から電話があり、学校から１キロほど離れた大きな商業施設に小学生が一人でいたので補導した。家に帰りたくないと言っているので、学校に連絡したということでした。

　学校に連れて帰り、担任と養護教諭が話を聞くと、「家に帰りたくない。両親から手錠を足や手にかけられることがある。ご飯も家族とは別のもので、一人で食べていて、同じものを食べさせてもらえない。家でも立たされることがある。ベランダに出されて部屋に入れてもらえないことがある」と訴えました。ミホ子先生は、足首のアザが足に手錠をかけられたことによるものであることがようやく分かりました。

　<u>学校では、校長・教頭・担任・養護教諭・特別支援コーディネーター・学校医と相談の上、児童相談所に通告することにしました⑨</u>。児童相談所の職員が家庭訪問をし、実母に状況を確認しましたが、「主人に聞いてください」と言うだけでした。児童相談所職員はB子を一時保護する必要性を説明しましたが、母親から「納得できません。同意できません」という返事があったため、児童相談所の職権による一時保護がされました。

　児童相談所が父母から話を聞き取ったところによると、父親も母親も「B子は家で困ったことや悪いことばかりする。そのため手錠をかけたりすることになった。家に連れて帰りたいが、連れて帰ってもどのように育てたらいいか分からない」と言っているようです。

　現在、B子は一時保護がされた状況で、A小学校には通学して来ていませんが、発育不良や発達障害などの様々な観点から検査も行われているとのことです。

◈⋯◈⋯◈⋯◈⋯◈⋯◈⋯◈⋯◈⋯◈⋯◈⋯◈⋯◈⋯◈⋯◈⋯

　ステップ３では目的の一つに「保健室登校・いじめ・虐待などの困難事例を扱うことができる」とあります。今回のB子の事例では、養護教諭が健康相談の必要性を主張したことから、学校でもB子が何らかの支援が必要であることを予測しており、警察に保護された後の対応においても、学校側は慌てることなく対応できました（下線⑨）。

　しかし、養護教諭が健康相談の日程調整をしている時、B子が学校を飛び出した（実際は虐待の発見に繋がったのですが）ということを考えると、健康相談のお知らせを保護者に渡す際に、担任と養護教諭が家庭訪問をするなど、もう少し丁寧に対応

する必要があったかもしれません。

市や学区の状況を把握する

　B子は一見問題のない家庭に育っています。ミホ子先生は転勤早々、B子のように普通の家庭にあっても児童虐待に至ったケースに出会い、子育ての困り事を抱えている保護者、そして育児能力が十分ではない保護者がいることに気づき、改めてこの学区の状況を知らなければいけないと思いました。

　市の保健センターで養護教諭を対象にした連絡会があった時に、ミホ子先生は保健師にA小学校の学区でどのような健康問題があるのか、保健師として母子保健や児童虐待にどのように対応しているのかということを聞いてみました⑩。市の保健師は既にB子の事例を熟知していました。転入してきた家庭だったので、小さな頃のデータがなかったこと。新しいマンションでは自治会もしっかりしておらず横の連絡がないこと。特にB子が住んでいたマンションでは、孤立している親子がほかにもいること。周りの住人はB子がベランダで泣いているのを知っていたが、通告には至っていなかったこと。また、虐待が疑われる事例がほかにも発生していること。市では子育てに悩んでいる保護者を対象に、ペアレント・トレーニング・プログラムを開催していること。虐待の早期発見・早期対応は学校保健と連絡を取り合いたいと思っていることなどが伝えられました。

　ミホ子先生はそんな話を聞きながら、B子はなぜ3年生まで虐待が発見されなかったのかと考えてみました。発育が遅い子、落ち着きのない子の一人で、発育発達のばらつきの範囲だと考えられていて、支援を必要とするレベルだと考えられていなかったということです。その背後にADHDの可能性や虐待があったことは、誰も気がついていませんでした。ミホ子先生は今、校務分掌の学校保健部だけでなく、特別支援コーディネーターとともに教員向けの研修会を計画しています。内容は、まずは虐待の早期発見のポイント、被虐待児・保護者への支援のあり方を計画しています⑪。

◇⋯◇⋯◇⋯◇⋯◇⋯◇⋯◇⋯◇⋯◇⋯◇⋯◇⋯◇⋯◇⋯◇⋯◇⋯

　ステップ3の13「既存情報（健康診断など）と子どもと保護者、教職員のニーズを包括的に分析できる」、ステップ3の26「子どもの家庭環境や文化的背景を理解し、多機関と協働してチームとして支援できる」という項目があります。今後、B子が学校に戻ってきた場合は、これらのスキルが求められることとなります。

　また、ステップ4では「子ども・家族・教職員・養護教諭・関係機関を組織化することができる」とあります。今回、ミホ子先生は市の保健師からの情報を収集し、校

第6章 「健康相談」のスキルラダー

区内にあるマンションの地域的な特徴も把握した上（下線⑩）で、校内組織で虐待について教職員向けの研修を企画しています（下線⑪）。この活動はまさに組織化への第一歩だと言えます。

ステップアップへのアドバイス

　ミホ子先生はベテランの養護教諭ですので、ステップ１の到達目標にある「基本的な健康相談の方法を説明できる」はもちろん修得しています。それらの方法を使って新しい学校の状況を把握しようとしています。異動した時には、ステップ１のスキルが活用できているかをチェックしながら、学校の状況を把握していくということもできるでしょう。

　また、虐待については、保健所、児童相談所や市区町村の関係課から重要な情報を得られることがあります。その情報を子どもと学区の状況の理解にとどめるのではなく、保健師などから聞いた地域の母子保健の状況を反映し、学校において勉強会などを開催すると良いでしょう。ミホ子先生は学校で勉強会を行おうとしていますが、地域と学校が協力し合って、早期発見、発生予防ができるシステムの構築に向けた第一歩と言えるでしょう。

　問題を持った子どもの事例に対応した場合、表に現れた個のケースの背景には同じような可能性を持った事例が複数あることを予想し、予防に向けた対策として何ができるのかという視点で、学区の健康課題にも目を配ることが健康相談のスキルアップの方策と言えます。

〈参考文献〉
1) 文部科学省：養護教諭のための児童虐待対応の手引（http://www.mext.go.jp/a_menu/kenko/hoken/08011621.htm）、2007
2) 公益財団法人日本学校保健会：子供たちを児童虐待から守るために―養護教諭のための児童虐待対応マニュアル―（http://www.gakkohoken.jp/books/archives/154）、2014

第7章　「保健教育」のスキルラダー

保健教育にかかわっていますか？

　平成20年1月に中央教育審議会から出された「子どもの心身の健康を守り、安全・安心を確保するために学校全体としての取組を進めるための方策について」（答申）において、「深刻化する子どもの現代的な健康課題の解決に向けて、学級担任や教科担任等と連携し、養護教諭の有する知識や技能などの専門性を保健教育に活用することがより求められていることから、学級活動などにおける保健指導はもとより専門性を生かし、ティーム・ティーチングや兼職発令を受け保健の領域にかかわる授業を行うなど保健学習への参画が増えており、養護教諭の保健教育に果たす役割が増している」と述べられています。

　今回は、「保健教育」のスキルラダーについて、事例を通して考えていきましょう。

兼職発令の現状

　全国養護教諭連絡協議会が実施した、平成26年度「養護教諭の職務に関する調査報告書」によると、教科保健の授業の実施状況については、兼職発令を受けている養護教諭は全体で4.2％（平成24年度調査では5.5％）となっています。しかし、21.8％（平成24年度調査では25.3％）の養護教諭が兼職発令の有無にかかわらず教科保健を担当していることから、兼職発令の有無にかかわらず、専門的知識や技能などを活用し健康教育に意欲的に取り組んでいることがわかります。

　授業を担当しなかった理由として、「養護教諭の職務に専念するため」の割合が最も高く、「保健室を空けることができなかった」「力量的に不安がある」についても多くあげられたことから、養護教諭不在時の校内体制の確立と養護教諭自身の力量を高める研修が望まれているとも述べられています。

　教科保健の授業を担当したことによる養護教諭・学校全体としての効果では「養護教諭の持っている専門的知識や技能を盛り込んだ指導ができた」「児童生徒の健康実態や生活実態を踏まえた指導ができた」「児童生徒についての共通理解が深まったり、広がったりした」「授業を行うための力量が高まった」の割合が高く、また、児童生徒への効果は「健康に対する関心や知識理解の深まり」の割合が高い結果となっています。

第7章　「保健教育」のスキルラダー

　このように、養護教諭が教科保健の授業を担当することは、養護教諭自身の力量を高め、より専門的な知識と技能を提供できることとなり、また、教職員全体の共通理解と意識の向上にもつながると述べられています。さらには、児童生徒の健康実態や生活実態を踏まえた指導をすることが、知識理解や実践に結びつく効果を生んでいるので、今後も積極的に取り組んでいくことが大切と言えます。

　兼職発令に関しては、スキルラダー研究会のホームページ「教えて達人—ネットde 事例検討（http://b.ibbs.info/sliper201505/)」にも掲載されています。

「保健教育」のスキルラダー

　保健教育のスキルラダー（表7−1）では、「子どもたちの健康課題を見出し、教員と協働して、発達段階を考慮した保健指導・保健学習を行うことができ、子どもたちの主体的な解決能力を育成できること」を目指します。

●ステップ1

　ステップ1では、「1　基本的な保健指導の方法がわかり実施できる」「2　保健指導を実施した後の自己評価ができる」を到達目標としています。

　養護教諭の保健指導への関わりは次の通りとなっています。「特別活動における学級活動」での授業実施では小学校70％、中学校37％、高等学校14％、特別支援学校52％であり、実施した内容としては、「性に関する指導」「歯・口」「生活習慣」がどの校種においても多い結果となっています[1]。「特別活動における学校行事」での保健指導の実施では、71％の養護教諭が実施しており、具体的な内容としては「遠足（旅行）・集団宿泊的学校行事」が76％と最も高い結果となっています[1]。

　これらから、保健指導を行う学年の発達段階に合わせ、よく行われている指導に関し、保健指導を実施できる力量が必要になります（「集団への働きかけ：3」）。また、学級担任等から資料を求められた際に提供できることも大切です（「集団への働きかけ：2」）。

　基本的な授業の進め方としては、子どもの集中力を切らさないように、板書や掲示物、声の大きさ、机間指導の在り方にも気を配る必要があります（「集団への働きかけ：4・5・6」）。

●ステップ2

　ステップ2の到達目標は、「1　子どもたちの健康課題を見出し、それに適した保健指導を行うことができる」「2　目的・目標を明確にした保健指導の指導案を立て、実施することができる」です。

表7−1　「保健教育」のスキルラダー表

ステップ1

到達目標
1. 基本的な保健指導の方法がわかり実施できる
2. 保健指導を実施した後の自己評価ができる

到達度

個別への働きかけ	集団への働きかけ
1 子どもの発達段階を説明できる	
2 子どもの言動をとらえて発達段階を判断できる	
	1 発達段階の視点からその集団の特徴を説明できる
	2 学校の実態に即して、保健学習の資料を提供することができる
	3 一般的な健康課題（注1）について保健指導ができる
	4 板書や掲示物を効果的に使うことができる
	5 教室の後ろまで情報が伝わるように（声・視線など）話すことができる
	6 集中して聞くことができない子どもの存在に気づくことができる
3 子どもに対する保健指導を自己評価し、指導者と検討することができる	7 集団に対する保健指導を自己評価し、指導者と検討することができる

ステップ2

到達目標
1. 子どもたちの健康課題を見出し、それに適した保健指導を行うことができる
2. 目的・目標を明確にした保健指導の指導案を立て、実施することができる

到達度

個別への働きかけ	集団への働きかけ
1 保健室利用状況から子どもの健康課題を発見することができる	1 保健室利用状況から子どもたちの健康課題を発見することができる
2 保健室利用状況から子どもの健康課題を説明できる	2 保健室利用状況から子どもたちの健康課題を説明できる
3 健康診断の結果から子どもの健康課題を説明できる	3 健康診断の結果から子どもたちの健康課題を説明できる
4 子どもに対して保健指導が必要な根拠を説明できる	4 集団に対して保健指導が必要な根拠を説明できる
	5 集団の健康課題に適した年間保健指導計画を立てることができる
5 子どもに対して目的・目標を持った保健指導案を立てることができる	6 集団に対して目的・目標を持った保健指導案を立てることができる
6 子どもに対して健康課題に応じた保健指導を展開できる	7 集団に対して健康課題に応じた保健指導を展開できる
	8 保健指導・保健学習をTTで行うことができる
7 子どもに対して保健指導の目標に合わせた評価を行うことができる	9 集団に対して保健指導の目標に合わせた評価を行うことができる
	10 集中していない子どもに対して声をかけることができる
	11 個人差に配慮して保健指導ができる
	12 他の教師の授業を積極的に見に行くことができる
	13 前年度の保健指導から改善点を見い出すことができる

（注1）一般的な健康課題：う歯、生活習慣など特殊ではない健康課題

＊保健指導：教科によらないもの　　＊保健学習：学習指導要領にのっとり行うもの　　＊集団：学級・学年・部活動など

第7章　「保健教育」のスキルラダー

・スキルラダーはステップ1からステップ4まであります。それぞれのステップに対象が2つあります。「個別への働きかけ」と「集団への働きかけ」です。
・それぞれの項目についてできていると思ったら「○」を、できていないと思ったら「×」をつけてください。
・ステップ1の「個別・集団」についてチェックが終了したのち、ステップ2に進んでください（×をつけたとしても、次のステップに進んでよい）。

ステップ3

到達目標	
1	子どもの主体的な解決能力を育成する保健教育（保健指導・保健学習）を行うことができる
2	教員との協働による保健指導・保健学習を行うことができる

到達度

個別への働きかけ		集団への働きかけ	
1	子ども自身が健康課題に対して納得できる目的・目標を設定できるよう支援することができる		
2	個別の問題を子どもたちで解決する方法を説明できる（注2）	1	集団の問題を個別で解決できる方法を説明できる
3	子どもを通した（児童生徒委員会等）働きかけを計画して協働することができる		
		2	保健教育を地域の保健活動と関連させることができる
4	子どもに対して適切な保健教育の方法が選択できる	3	集団に対して適切な保健指導の方法が選択できる
5	子どもに対して発達に応じた教具・教材を作ることができる	4	集団に対して発達に応じた教具・教材を作ることができる
6	子どもに対して適切な保健教育を計画できる	5	集団に対して適切な保健指導を計画できる
7	子どもに対して地域の人材を生かした保健教育を計画し実施することができる	6	集団に対して地域の人材を生かした保健教育を計画し、実施することができる
8	子どもと子どもたちが関わり合える視点を持って保健教育を計画し、実施することができる	7	集団に対して子ども同士が関わり合える視点を持って保健教育を計画し実施することができる
9	子どもに対して適切な保健教育を計画し、実施できる	8	集団に対して適切な保健教育を計画し、実施できる
		9	認知や行動科学に関する理論を意識して授業案を立案することができる
10	子どもに対して家庭での実践を促進するような働きかけをすることができる		
		10	個別の背景に配慮して保健指導・保健学習ができる

（注2）例：いじめをピア活動で解決させる

ステップ4

到達目標	
1	保健教育についてPDCAサイクルを展開できる
2	子どもたちの健康課題を考慮した教育を展開する学校体制づくりができる

到達度

個別への働きかけ		集団への働きかけ	
		1	複数の集団への働きかけを連動させて保健教育を実施することができる（注3）
		2	保健教育を地域の保健活動と協働させることができる
1	教職員や保護者と協働してPDCAサイクルを展開することができる		
		3	研究授業を行い評価を得ることができる
		4	保健教育の内容や方法について他の教員にアドバイスをすることができる
		5	教育計画立案の際に、保健教育の必要性をエビデンスをもって説明できる
		6	保健教育を推進できる学校体制を提案し、交渉することができる

（注3）例：児童保健委員会の取り組みをPTA活動と連動させる

ステップ2からは、事例を通して考えていきましょう。

【保健教育にかかわる事例】

> 中学3年生の男子生徒が保健室に来室し「先生、昨日すごく怖いことがあったんだよ」と養護教諭に言いました。
> よく話を聞くと、塾へ行く途中の繁華街で、見知らぬ男性に「これを飲むと勉強がはかどるよ」と声を掛けられ、白い粉の入った袋を渡されそうになったとのこと。生徒は怖かったので、自転車で急いで逃げたと言っていました。

このような話が生徒からあったら、みなさんはどう捉えますか？

優れた養護教諭はこう言います。「ピンチはチャンス！」「一人の問題はみんなの問題！」と。そうです。一人に起こった事実は他の生徒にも起こり得ること。一人のピンチから保健指導につなぐチャンスです。この事例では、まずは危険な体験をした男子生徒に対し、次に同じ状況に遭遇しないための手立て（危険な場所に近寄らないこと、逃げたことは正解だったこと）を指導することです（「個別への働きかけ：6」）。

そして、集団への保健指導として、全校生徒へ「麻薬・覚せい剤乱用予防センター」のキャラバンカーを招いての保健指導を実施しました（「集団への働きかけ：6・7・8」）。講師には、元麻薬取締官の方が来てくださったので、養護教諭もTTの形で指導に入り、実際に危険な目に遭った生徒の事例を伝えることで、生徒自身が他人事ではなく自分にも起こり得る問題として捉えることができました。

●ステップ3

ステップ3では、「1　子どもの主体的な解決能力を育成する保健教育（保健指導・保健学習）を行うことができる」「2　教員との協働による保健指導・保健学習を行うことができる」が到達目標です。

養護教諭が実施している中で多くかかわっている保健学習は、小学校では「育ちゆく体とわたし」（77％）、中学校「健康な生活と疾病の予防」（63％）、高等学校「現代社会と健康（健康の保持増進と疾病の予防）」（40％）となっています[1]。小学校では次いで「病気の予防」（45％）となっており、薬物乱用防止教育を含む単元の多くに、養護教諭がかかわっていることがわかります[1]。

今回の事例では、中学3年生の保健学習で行う「健康な生活と疾病の予防（薬物乱用と健康）」について保健体育科教員と連携し、TTで授業を行いました。

さらに、生徒保健委員会の活動の中で薬物乱用に関した調べ学習をしたいとの提案があったので、発表の機会として「学校保健委員会」を利用し、学校内だけでなく、

学校三師、地域の方々にも生徒の学びを伝えることができ、地域の子どもの置かれている現状を知っていただく機会をつくることができたのです（「個別への働きかけ：3」）。

●ステップ4

ステップ4では、「1　保健教育についてPDCAサイクルを展開できる」「2　子どもたちの健康課題を考慮した教育を展開する学校体制づくりができる」が到達目標です。

今回の事例からは地域の活動ともリンクすることができました（「集団への働きかけ：2」）。これは、タイミングがうまくあったことでもあるのですが、学校保健委員会に参加された地域の方が、地域で予定していた「薬物乱用防止教育」で有名な先生を講師に招く講演会企画にかかわっており、中学校の体育館を会場にすることになったのです。この講演会には、教職員も生徒も保護者も参加し、これまでの保健指導・保健学習・学校保健委員会の集大成となりました。

また、講演会を終えた後、1年間のそれぞれの活動におけるPDCAから、1年間のまとめとしてのPDCAを行い、次年度に向けての話し合いを持つことで、子どものために何ができるのか、子どもに何を与えるべきなのかを、子どもを見守る大人たちで協議をすることができました（「個別への働きかけ：1」）。

ステップアップのヒント

子どもを取り巻く健康課題は、学校種や地域の特性などから多岐にわたります。それらを「子どもにどんな力をつけさせたいか」を念頭に置き、発達段階を考慮した保健教育が重要となります。

今回の事例は特殊な例であったかもしれませんが、どのような内容であっても、まずは「子どもの実態を出発点」に、何をなすべきかを考えることが重要であると考えています。健康診断や保健室来室状況、子どもたちの様子から、ステップ2にあるように養護教諭は子どもの実態を捉える場面がたくさんあります。それを教職員全員で共通理解し、その上で子どもを取り巻くより多くの人たちが協働して、解決にあたることが求められていると考えます。子どもの実態をしっかり捉え、目の前にいる子どもの健康問題を見つけ、勤務している学校の健康課題とし、課題解決につなげることが重要です。

〈参考文献〉

1）公益財団法人日本学校保健会：学校保健の課題とその対応─養護教諭の職務等に関する調査結果から─、平成24年3月

第8章　「環境衛生」のスキルラダー

　子どもが1日の大半を過ごす学校において、温度、湿度、照度、騒音、飲料水、プールの水質などの環境衛生は子どもの健康や成長に大きな影響を与えます。よって、快適な学習を保障するには子どもを取り巻く環境を整えることが重要になります。

　学校環境衛生の管理には、学校教育法、学校保健安全法および同施行規則に基づく「定期検査」「日常点検」「臨時検査」があり、学校環境衛生基準により基準値が設定されています。子どもの学習環境はもちろんのこと、教職員にとっても安全で保健的な環境を維持するために、校長の責任の下で教職員と学校三師がそれぞれの職務の特性を活かして、計画的に定められた環境衛生検査を適切に行い、予防的視点を持って対応する必要があります。

　しかし、学校環境衛生基準は「これ以下（または以上）にならないように」という許容範囲の基準であり、学校では絶えず子どもたちが動き回り、日常的に施設を使用しているため、年に数回の検査では衛生的な環境が維持できないこともあります。

　万が一、環境衛生上の問題がみつかった場合、どのように改善していくのが望ましいか、事例から考えてみましょう。

【環境衛生の事例1】

> 　子どもたちが楽しみにしていた小学校のプール授業。でもプールの水質検査を行ったところ、遊離残留塩素は0.4mg/ℓ 、pH7.0と基準値以上あったのに、大腸菌が検出されてしまいました。
> 　使用している消毒剤は次亜塩素酸で、プール授業がある期間はろ過機を常時稼働させていました。

　どうして大腸菌が検出されてしまったのでしょうか？

　学校保健安全法施行規則には学校医の職務執行の準則に「学校の環境衛生の維持及び改善に関し、学校薬剤師と協力して、必要な指導及び助言を行うこと」、学校薬剤師の職務執行の準則に「学校の環境衛生の維持及び改善に関し、必要な指導及び助言を行うこと」と記載されています。

　また、学校で実施すべき衛生検査の項目と内容は、学校薬剤師が直接その検査にあたることが適切なものと、学校薬剤師の指導のもと検査を公衆衛生検査機関に依頼することが適切なものがあります。今回の事例は薬剤師から「検査に使うプールの水を

水面下20cmより上からとってしまった」「プールの水を滅菌瓶に入れるときに外部から大腸菌が入り込んだ」「夜間に動物が入り込んでプールに排泄をした」などの可能性が示唆されましたが、結局、原因はわかりませんでした。

　検査結果を子どもや教職員に報告し、遊離残留塩素濃度を高くして再検査をしたところ、大腸菌は検出されなくなりました。

「環境衛生」のスキルラダー

　環境衛生のスキルラダー（表8−1）は、「定められた環境検査を行うことができること。そして、環境衛生上の課題を見出し、改善案を提案したり、環境衛生上の問題を教育的視野で捉えたりすることができるようになること。さらに、地域の環境・整備や改善について提案できること。」を目指しています。

　事例1ではスキルラダーのステップ1にあるように、学校環境衛生計画に基づいて学校薬剤師と連携してプールの水質検査を行った結果、大腸菌が検出されました。そこで、原因を追及するとともに、ステップ2にあるように、結果を教職員で共有し、学校薬剤師や管理職と相談しながら改善点を判断し、対応を試みました。学校薬剤師は学校環境衛生に関して大きな役割を担っています。環境衛生に関する問題が発生した際は速やかに学校薬剤師に相談し、解決策や対応策を一緒に考えていけるような関係を築いておくことが大切です。

　では次の事例はどうでしょうか？

【環境衛生の事例2】

> 　夏休みも終わりに近づいた8月下旬の午後2時。中学校の体育館で部活動を行っていたA君が熱中症により激しい頭痛を訴え、フラフラしながら保健室に来ました。A君の身体を冷やし、スポーツドリンクを与えるなどの対応をしていたところ、同じ部からさらに4名の生徒がA君と同じような症状で保健室に来ました。

　このような事態は本当に防げなかったのでしょうか？

　A君たちが保健室に来たとき、体育館の温度は日本体育協会の熱中症予防指針では「運動は原則禁止」とされている乾球温度が35℃を超えていました。また、体育館には湿度計やWBGT計（熱中症指標計）は設置されていませんでした。

　このような熱中症は全国のどこでも発生する可能性があり、場合によっては命にかかわる事態になることもあります。養護教諭は保健室来室者の状況や記録から、ステップ3にあるように環境衛生上の課題を見出し、改善が必要な場合は主導的に改善案を提案することが大切です。

表8−1 「環境衛生」のスキルラダー表

- スキルラダーはステップ1からステップ4まであります。「環境衛生」については「集団への働きかけ」のみです。
- それぞれの項目についてできていると思ったら「○」を、できていないと思ったら「×」をつけてください。
- ステップ1についてチェックが終了したら、ステップ2に進んでください（×をつけたとしても、次のステップに進んでもよい）。

ステップ1

	到達目標	到達度
到達目標	1 定められた環境衛生基準に基づき検査を行うことができる	

集団への働きかけ

		到達度
1	学校環境衛生基準に基づき検査ができる	
2	前年度の環境衛生検査の結果から情報を収集できる	
3	計画に基づき、学校薬剤師と連携し、環境衛生検査が実施できる（照度、プール、水質など）	
4	計画に基づき、机・椅子の検査が実施できる	
5	「飼育小屋の運用についてのガイドライン」を遵守することができる	
6	校内巡視の必要な場所と内容を説明でき、実施できる	
7	環境衛生検査の結果について学校薬剤師に報告し、相談できる	

ステップ2

	到達目標	到達度
到達目標	1 環境衛生上の課題を見出す	

集団への働きかけ

		到達度
1	前年度の環境衛生検査（臨時検査含む）の結果と比較し、衛生状態を判断できる	
2	環境衛生検査の結果から改善点を判断できる	
3	学校の環境衛生と子どもの健康問題を関連づけて考えることができる	
4	環境衛生検査の結果を子どもや教職員に報告できる	
5	校内巡視を行い、衛生状態や問題がある箇所を発見し、管理職へ報告し、対応できる	

ステップ3

	到達目標	到達度
到達目標	1 環境衛生上の課題を見出し、改善案を提案できる	
	2 環境衛生上の問題を教育的視点で提えることができる	

集団への働きかけ

		到達度
1	学校内の環境衛生において改善が必要な場合、主導的に改善を提案できる	
2	保健委員会活動と関連させ、子ども自身が環境衛生上の問題を改善できるように支援できる	
3	環境衛生上の問題を子どもたちに知らせ、主体的に改善できるように支援できる	
4	地域の環境衛生と子どもの健康問題を関連づけて考えることができる	
5	地域の環境衛生の問題を教職員と共有できる	
6	環境衛生活動を保健教育と関連づけて展開できる	

ステップ4

	到達目標	到達度
到達目標	1 地域の環境・整備や改善について、関係機関に根拠を持って提案できる	

集団への働きかけ

		到達度
1	地域の環境・整備や改善について、関係機関に根拠を持って提案できる	

※臨時検査は感染症・風水害・食中毒などのとき、実施される

熱中症の危険度の基準となる温度や湿度を教職員や子どもたちへ周知し、温度や湿度が危険基準値を上回った場合は部活動の継続を考慮するなどの対応を行うことで、このような事態は大半は防ぐことができるでしょう。また、部活動のマネージャーなどに、WBGT計の見方や、定期的に温度や湿度を確認し記録することの重要性などについての研修会を行うことも熱中症予防に大きく役立ちます。そして、万が一、熱中症が発生してしまった場合は、迅速に応急手当ができるように準備をしておきましょう。

優れた養護教諭の実践

　ステップ３にあるように、環境衛生上の問題を教育的な視点で捉え、環境衛生活動と保健教育を関連づけて展開することも重要です。子どもたちが環境衛生活動に参加することによって、自分の周りの環境問題に関心を持ち、自らの環境を整えたり管理したりすることができる能力と態度を養う保健教育に役立てることもできます。

　ある小学校の健康診断の視力検査で1.0未満の者が全国平均と比較して多いことがありました。養護教諭は保健主事と一緒にその原因をさまざまな角度から考える中で、教室の照度検査を行いました。その結果、教室や黒板面の照度が雨天時は学校環境衛生基準値以下であることがわかりました。また、このことを保健委員の子どもたちに話したところ、子どもたちが大変興味を持ったため、一緒に廊下や図書館、体育館などの照度検査を行い、同様の結果を得ました。

　校舎が老朽化していることも照度に影響しているとは思いますが、すぐに照明を増設したり、校舎を建て替えたりすることはできません。子どもたちと一緒に解決策を考えていたところ、学校薬剤師から「蛍光灯や反射板の汚れを拭き取ることで照度があがる」とのアドバイスをいただきました。

　上記の流れを保健委員の子どもたちが「照度検査結果」としてまとめ、学校保健委員会で保護者や学校評議員に報告したところ、PTAより親子奉仕作業の一環として蛍光灯の清掃を行いたいとの申し出を受け、実施にいたりました。これはステップ４の地域の環境・整備や改善について提案することにつながっていきます。

　このように、保健委員会などを通して自分たちの健康に直接かかわる環境衛生上の問題を子どもたちに知らせ、子どもたちがその原因を考え、主体的に改善できるようになるように支援することは、学校教育の目的である「成長発達を支援する」にもつながるのです。

ステップアップのヒント

学校で環境衛生を維持・推進する目的には

①児童生徒の命を守り、心身の発達を促し、健康の保持増進を図ること
②児童生徒の学習能率の向上を図ること
③児童生徒の豊かな情操の陶冶を図ること

などがあります。

しかし、近年、学校を取り巻く環境が変化しつつあります。優れた養護教諭の実践では、照度が基準値以下だった学校の事例を紹介しましたが、逆に教室の位置によって照度が高すぎて遮光カーテンなどの措置を行っている学校の例もあります。また、学校の建築建材や化学物質による頭痛やめまいなどの症状や光化学スモッグ、ＰＭ2.5などの大気汚染問題、ダニや揮発性有機化合物などの新しい環境問題も話題になっています。学校の設置者はこのような問題を意識し、速やかな改善、解決を図らなければなりません。

環境衛生に関する問題は予防的視点を持って事前に対応することが何より大切です。環境衛生のスキルラダーを参考にして、子どもの快適な学習環境の在り方について、教職員だけではなく、当事者である子どもも一緒に考えてみましょう。

第9章　「ケースマネジメント」のスキルラダー

「ケースマネジメント」、学校現場では聞き慣れない言葉かもしれません。スキルラダー研究会では、「ケースマネジメント」とは、「複数の健康課題を持つ子どもへのチーム支援の運営・管理」と定義し、「チーム支援」を対象となる子どもに関係する専門職や非専門職によって構成されたチームによる支援と定義しています。

平成20年・中央教育審議会答申（子どもの心身の健康を守り、安全・安心を確保するために学校全体としての取組を進めるための方策について）では、養護教諭はコーディネーターの役割を担う必要があると述べられています。コーディネートする、調整役をするなどの内容は保健管理に含まれています。

コーディネーターは、子どもや家庭、その支援に関わる機関の状況を把握しながら、必要に応じて情報交換や話し合いを行い、情報を共有して支援が的確に行われるように全体を調整する役割です。しかし、現在の学校現場では、保健室登校、発達障害、いじめ、虐待の対応などの一つひとつの事柄を考えてみても、子ども自身の問題、子ども同士の問題、教師や学校の問題、保護者・家族の問題、地域の問題、社会経済の問題など、様々な事柄が絡み合った事例が多く、問題は複雑化しています。複雑化した問題は、単にコーディネートするだけでは解決しない場合もあります。複雑化した問題を解決するためには、しっかりケースを把握して継続的かつ長期的に見ていく必要がありますし、複数の職種や地域の保健専門職が関わることも多く、保護者との連携、校内連携、担任・学年との連携、専門機関との連携などが必要です。このように養護教諭はコーディネートに留まらず、ケースマネジメントを行っている場合もあります。

さて、今回はマキ子先生の体験からケースマネジメントのスキルラダーを考えてみたいと思います。

母親からかかってきた電話に違和感を覚えたベテラン養護教諭・マキ子先生

マキ子先生は、養護教諭経験25年、I小学校に赴任して5年目のベテランです。

入学式前日、新1年生のチカちゃんのお母さんから電話がかかってきました。

「明日、入学するチカちゃんのママですけど、明日は9時までに行けばいいんですよね？」

電話を取ったのは偶然マキ子先生でした。

第9章　「ケースマネジメント」のスキルラダー

「はい、明日は9時に受付です」と答えると、「わかりました、よろしく～」、ガチャンと電話は切れてしまいました。

マキ子先生は、お母さんの話しぶりに違和感を覚えます。学校に電話をかけてきて、いきなりチカちゃんのママと言い、自分の聞きたいことだけ聞いて、常識はあるのかしらと思いました。そして、学年主任と担任へチカちゃんのお母さんから電話があったことを報告します。すると、担任からは、通っていた保育園では休みがちであったこと、お母さんが心配性という引き継ぎがあったことを伝えられました①。

入学後、提出された家庭環境調査票から、お母さん（40歳）、チカちゃん（1年生）と妹のハナちゃん（年中）の母子家庭で生活保護を受けていることがわかりました②。

ステップ1
支援はどうなっているの？

ステップ1の到達目標は「指導のもと、複数の健康課題を持つ子どもについてアセスメントすることができる」などがあります。マキ子先生はベテランの視点でチカちゃんには配慮が必要ではないかと感じていたため、下線①、②のようにステップ1の3「これまでの支援の経過を把握することができる」というスキルを使っています。

◇……◇……◇……◇……◇……◇……◇……◇……◇……◇……◇……◇……◇……

4月中は遅刻はあるものの、大きな問題はありませんでした。

5月のゴールデンウイークが明けると、欠席が増え始めました。欠席の連絡が学校にないため、担任が家庭に電話をしますが連絡がとれません。妹の通っている保育園にも電話をしますが、保育園にも連絡がないとのことでした。

I小学校では、連絡がない場合は、原則その日のうちに家庭訪問をします。何度か電話連絡をしましたが連絡がとれないため、教頭先生とマキ子先生の2人で家庭訪問をしました。「ピンポーン」と呼び鈴を鳴らすと、ドアの向こうで物音がします。ハナちゃんがドアを開けてくれました。そしてそこはゴミの山、特に缶ビールの空き缶が大量にありました。

「お母さんはいるかな？」とマキ子先生が尋ねると、「寝てる」と。そのうちにチカちゃんも顔を見せてくれました。チカちゃんは「今、何時？」とマキ子先生に聞きます。「9時30分だよ」「えっ、もうそんな時間？」とびっくりしています。「お母さんは起きてこられるかな？」と聞くと、お母さんに一生懸命声をかけてくれますが、お母さんは起きてきません。「チカちゃん、学校に行けるかな」と声をかける

57

と、「うん」と言うので、身支度を整え、玄関で「お母さんに行ってきます！」と言い登校しました。ハナちゃんを置いていくのは心配でしたが、ハナちゃんには、学校の電話番号を伝えて、困ったことがあったら電話するんだよと伝えました。

　チカちゃんに「朝ごはんは食べたかな」と聞くと、<u>「昨日の夜から、何も食べていない」</u>と言います。職員室にあるお菓子を食べさせ、教室に連れて行きました。<u>マキ子先生は、チカちゃんの体格は普通であると思いましたが、就学時健康診断の結果を見直しました。乳歯のう歯が10本あることがわかりました③</u>。

　マキ子先生は管理職に報告し、母親の様子、家の様子、夕飯を食べさせてもらっていない状況から、情報収集が必要と考えました。教頭先生は地域の民生委員へ、校長先生はハナちゃんの通う保育園へ、マキ子先生は市役所の子ども支援課に電話を入れ、情報を集めました。<u>そこでわかったことは、昨夜、お母さんがアパートの近くで騒ぎ警察沙汰になったこと、ハナちゃんはほとんど保育園に通っていないこと、市役所でも福祉課（生活保護世帯のため）、子ども支援課の両方が関わっていることがわかりました④</u>。

　そうこうしているうちに、チカちゃんは他の子どもと同じように授業を行い、下校しました。そして夕方、お母さんから電話がかかってきました。朝起きることができなくてすまなかった、明日から一生懸命やりますと意気込んでいます。最初は泣きながら話していたのに最後には別人のように元気に振る舞う変わりように、マキ子先生はお母さんの精神疾患を疑います。そこで、「お母さんの体調が悪いのではないですか、お手伝いできることがあったら言ってくださいね」と伝え電話を切りました。そして、<u>週に1回行われる全教職員参加の打ち合わせで、チカちゃんの今までの経過を報告しました⑤</u>。

ステップ2
いろいろな情報をアセスメント

　ステップ2では到達目標に「複数の健康課題を持つ子どもについて多角的にアセスメントすることができる」という項目があります。マキ子先生は、③のように、家庭の様子、夕食、朝食を食べていないこと、う歯の数の多さや、④のように、妹が保育園に通っていない状態からネグレクトも視野に入れつつ、ステップ2の1「ケースマネジメントが必要な子どもを特定することができる」ができていると言えます。さらに⑤のように、ステップ2の3「チーム支援の状況を教職員に周知することができる」もできています。

表9−1 「ケースマネジメント：複数の健康課題を持つ子どもへのチーム支援の運営・管理」のスキルラダー表

・スキルラダーはステップ1からステップ4まであります。「ケースマネジメント」については「個別への働きかけ」のみです。
・それぞれの項目についてできていると思ったら「○」を、できていないと思ったら「×」をつけてください。
・ステップ1についてチェックが終了したら、ステップ2に進んでください（×をつけたとしても、次のステップに進んでよい）。

ステップ1

到達目標
1 ケースマネジメントの意義を説明できる

個別への働きかけ
1 ケースマネジメントの定義や原則を説明できる
2 事例に対して必要な情報が何か説明できる
3 これまでの支援の経過を把握することができる
4 事例に対して立場の異なる意見も理解できる
5 事例に対して関係機関の役割が説明できる
6 事例に対して教職員の役割が説明できる
7 指導のもと、事例に対するチームの支援目的を挙げることができる
8 指導のもと、事例に対するチームの支援目的を理解し、自分の役割を把握することができる

到達度

ステップ2

到達目標
1 複数の健康課題を持つ子どもについて多角的にアセスメントすることができる
2 複数の健康課題を持つ子どもについて支援計画・立案、実施を他職種と関わりながら行うことができる

個別への働きかけ
1 ケースマネジメントが必要な子どもを持定的にアセスメントすることができる
2 チーム支援計画を前年度の実施、評価と比較することができる
3 チーム支援の状況を教職員に周知することができる
4 チームで支援する場合の支援計画立案の際、自分の見解を見える

到達度

ステップ3

到達目標
1 困難な事例に対して他職種と連携しながら支援を展開することができる

個別への働きかけ
1 チームで支援する場合、計画表に子どもへの支援をいつ、誰がどのようにやるかを明記することとができる
2 困難な事例に対して活用できる関係機関を管理職に提案することができる
3 困難な事例に対して教職員の力を活用する視点で対策を考える
4 困難な事例に対して教職員の力を活用する視点で対策を考え、管理職や教職員に提案することができる
5 困難な事例に対して教職員の力を活用して対策を考え、本人・家族に提案することができる
6 困難な事例においてチーム支援に保護者を加えることができる
7 困難な事例に対するチーム支援のためのケース会議に参加し、養護教諭の立場から発言できる

到達度

ステップ4

到達目標
1 困難な事例に対してチーム支援の調整機能を果たすことができる

個別への働きかけ
1 困難な事例に対して地域の関係機関の支援能力を判断することができる
2 困難な事例に対するチーム支援の不備・不足に気づき、根拠を持って改善案を関係機関に説明できる
3 困難な事例に対するチーム支援の不備・不足を改善できる
4 困難な事例に対するチーム支援を企画できる

到達度

※チーム支援とは：対象となる子どもに関係する専門職や準専門職によって構成されたチームによる子どもの支援
※困難事例とは：複数の健康課題があり、保護者や家族などに同意の問題があり、手協力的な事例

次の日です。チカちゃんは登校していません。電話にも出ません。アパートに迎え
に行くと、昨日と同様にバタバタバタッと、姉妹が玄関の鍵を開けてくれました。ま
るで子犬が来客者に気がついて喜んで玄関に出てくるような光景です。このようなこ
とが1か月続き、改善が見られないため、マキ子先生はチカちゃんを取り巻く関係者
によるケース会議を提案し招集しました。

　ケース会議では、児童相談所、子ども支援課・保健師（市役所）、教頭、学年主
任、担任、マキ子先生が出席しました。マキ子先生の司会で会議は行われ、各機関が
現在行っている支援の報告と、方向性と具体的な支援を話し合いました。

　それぞれの意見は次のとおりです。

【子ども支援課から】

　母親はアルコール依存症である。現在治療が中断している。治療に専念するために働くこ
とができず、生活保護となり福祉課が担当している。現在の病状では養育が困難と考えられ
るが、母親は子どもと一緒に暮らすことを望んでいる。ネグレクトに当てはまるところもあ
るが、子どもに暴力をふるったりするわけではない。父親はいない。アルコールを飲んで朝
起きられず、泥酔して声をかけても起きないため、チカちゃん自身が救急車を呼んだことも
ある。チカちゃんは母親に気を遣って、母親のことを悪く言わない。母親を助けなければと
思っており、母親から離れることは望んでいない。子ども支援課は月に2回程度訪問する
が、会えないことも多い。会えても家の中には入れてもらえない。お母さんが子ども支援課
に酩酊状態で電話をしてくることもある。

【児童相談所から】

　子ども支援課から連絡が入っており、チカちゃんが望めば保護する準備はできている。

【担任から】

　母親からよく電話がかかってくる。その内容は、例えば使う鉛筆はBかHBのどちらがい
いのかなど些細なことである。育児の不安を訴えるが、話をしていても堂々めぐりである。
チカちゃん自身は賢いお子さんで、学校に来てしまえば、大人の顔色をうかがうところはあ
るが、勉強面、対人関係ともに問題がない。

【マキ子先生から】

　迎えに行ったときの様子では、アパートの玄関を開けただけでアルコールの匂いが充満し
ていた。お母さんが「私は精神科に通っている。子どもをちゃんと学校に行かせたいが、朝
起きることができない。毎日迎えに来てもらって申し訳ないと思っている」と言って、学校
に対して攻撃的ではない。

　マキ子先生はケース会議を以下のようにまとめました。

第9章 「ケースマネジメント」のスキルラダー

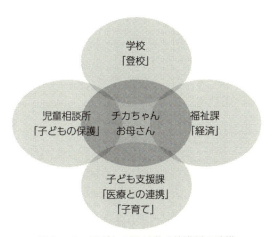

図9-1　子どもと取り巻く他職種の連携

　子ども自身は学校に来てしまえばみんなと一緒に行動できるので、全体の支援の方針は、まずは母親の安定をはかりつつ学校に通わせるようにすることである⑥。

【学校は】
　チカちゃんが登校できるよう支援する。校内の分担は、担任は、クラス内での居場所作りを主に行う。教頭、クラスを持っていない教員は交代で、朝、迎えに行く⑦。お母さんからの電話はマキ子先生が窓口になる。とにかく登校させ、学校に来るといいことがあるなと感じてもらう。給食で栄養をとり、勉強をして下校させる。

【子ども支援課は】
　医師とも連携し、治療が軌道に乗るよう支援する。育児不安解消のための家庭訪問。妹のハナちゃん（保育園）の支援。

【福祉課は】
　経済面の支援。

【児童相談所は】
　子どもが希望したときの子どもの保護。

当事者である母親とチカちゃんへの説明と同意

　その後、マキ子先生は当事者である母親と、チカちゃんの同意と協力が不可欠であると考え、母親とチカちゃん、担任とマキ子先生で面談をしました⑧。
　担任からはチカちゃんが学校でよく頑張っていること、お母さんも精一杯頑張って

いて、でも今は苦しいときであるので、学校で手伝えることは協力することを伝えました。そしてマキ子先生からは、チカちゃんは学校に行くことが仕事であること、お母さんも学校に行って欲しいと願っていること、前述の機関と連携しながらチカちゃんの家庭を支援していくことを説明しました。具体的には、朝、登校していなければ迎えに行くことを約束しました。お母さんもチカちゃんも、何をすべきかがわかり納得してくれました。そして、この方針を職員会議で報告し、学校の教職員全員の共通理解を図りました。

❖⋯❖相談❖⋯❖⋯姉妹⋯❖⋯❖⋯❖⋯❖⋯学校⋯❖❖⋯

　ステップ3では到達目標に「困難な事例に対して他職種と連携しながら支援を展開することができる」があります。マキ子先生は⑥のように、ステップ3の1「チームで支援する場合、計画表に子どもへの支援をいつ、誰がどのようにやるかを明記することができる」を行っています。また⑦のように、ステップ3の3「困難な事例に対して教職員の力を活用する視点で対策を考えることができる」も行っています。さらに⑧のように、当事者のチカちゃんやお母さんにも提案しています。ステップ3の5「困難な事例に対して教職員の力を活用して対策を考え、本人・家族に提案することができる」ができていると言えます。

❖⋯❖⋯❖⋯❖⋯❖⋯❖マキ子⋯❖⋯❖⋯❖⋯❖⋯❖⋯❖⋯❖⋯❖⋯

　その後、お母さんからマキ子先生に、度々、電話がありますが、マキ子先生は一貫して「お母さんは子育てをよくやってくれている。学校はとても感謝している。」と言い続けました。チカちゃんは忘れ物も多く、宿題も見てもらっていませんが、とにかく「学校に来る」という目標を達成しています。

　マキ子先生は、登校させてくれているお母さんを褒め続けました。同じように、とにかく登校しているチカちゃんに「えらいね」と褒め続けました。ですが、お母さんの病状が上向きません。泣いたり笑ったり不安定です。これではチカちゃんも何をすればお母さんが褒めてくれるのかわからず、しつけが身につきません。チカちゃんに土日の様子を聞くと、お母さんが一日中寝ているので、お母さんのお財布からお金をとってコンビニエンスストアにごはんを買いに行くとのことでした。

　7月に入り夏休みが見え始めたところで、マキ子先生は再び前回と同様のメンバーでケース会議を提案しました⑨。夏休みの過ごし方が心配だったためです。学校や当事者の努力により登校はできていますが、夏休みは学校がありません。再度、支援の体制を話し合いました。子ども支援課からは、お母さんの受診に同行し、医師から入院の勧めがあり母親が同意したこと、よって7月末から母親が入院予定であり、それに伴い、児童相談所が姉妹を一時保護すると報告がありました。学校としてはホッと

一安心です。

　新学期が始まりました。8月末に児童相談所から学校に連絡があり、母親の入院は継続している、また、退院しても姉妹を引き取らず、治療に専念することになっているとの連絡を受けました。そして姉妹は、一時保護施設から里親に預けられ、里親宅からI小学校に通うことになりました。ベテランの里親宅から通っている間は、遅刻、欠席もなく登校しました。チカちゃんの学校での様子も安定していました。

　12月に入り、母親は退院し、元の自宅アパートに戻りました。母親は児童相談所から、子どもと接することは勝手にしてはいけないと言われていたのですが、校門前で待ち伏せをしたり、学校に電話をかけてきたり、チカちゃんの様子を聞きだそうとします。「私が母親なんです」と訴えますが、<u>里親と母親の約束事の調整は児童相談所の仕事ですから、お母さんには児童相談所に相談するように伝えました。里親からもお母さんの行動に対する困った様子がマキ子先生に持ち込まれます。里親にも児童相談所に相談するように伝えました⑩</u>。

　結局、お母さんの強い希望で姉妹は冬休みから母親のもとに戻ることになりました。そして、3学期の始業式、遅刻せずに登校しました。2日目、学校に連絡がないまま登校していません。マキ子先生はアパートへ迎えに行きました。「ピンポーン」ドタバタ。「あっ、マキ子先生、ごめんなさい。私が寝坊してしまって…。今日持って行く箸セットがない」とお母さんが慌てています。マキ子先生は言いました。「お母さん、起きてくれてありがとう。一緒に箸セット探そうか」と言って部屋にあがり、台所から箸セットを見つけてきました。そしてチカちゃんを預かり学校へ連れて行きました。その際、マキ子先生はすかさず室内を見回します。台所の流し台にはビールの空き缶が積み上がっていました。

　学校に戻り、マキ子先生は校内の関係者に報告後、児童相談所、子ども支援課に報告します。アルコール依存症の治療は断酒ですが、アパート内のビールの空き缶を見る限り、断酒には至っていないことがわかりました。報告後、支援の方針を確認しますが、現行の法律ではお母さんが子どもを引き取りたいと言った場合、それを拒むことはできないということから、今のまま見守っていくということが確認されました。学校で行う、「登校させるという支援」に変わりはありません。

　学校内では、お母さんがしっかり子育てすると言うから子どもを引き取らせたのに、お酒を飲んでいてひどいと言って、怒り出す教員もいました。このままでいいのかという不満・不安が出てきたのです。<u>マキ子先生は、アルコール依存症は治療が難しいこと、学校がやるべきことはチカちゃんの登校を促すことであり、お母さんに説教をすることではない。説教で治っているならとっくに良くなっている。母親の治療については外部機関に任せることを説明し、自分たちのやるべきことに対する理解を求めました⑪</u>。

校内の連携が密であることはもちろんのこと、児童相談所、子ども支援課などの外部機関との連携も継続し、支援を続けています。チカちゃんは、現在３年生です。妹のハナちゃんも入学してきました。チカちゃんはおうちのことを話したがりません。でも今は、目覚ましを自分でかけ、お母さんが寝ていても自分で起きて学校に来ます。もちろんハナちゃんも一緒です。授業の道具が揃っていなくても「よく来たね」と教職員が声をかけ、そして持って来ることができなかったノートをスッと担任が貸してくれます。「よく来たね」の一言がチカちゃんの成長を促しています。

❖┄❖┄❖┄❖┄❖┄❖┄❖┄❖┄❖┄❖┄❖┄❖┄❖┄❖┄❖┄❖┄❖┄❖┄❖┄

ステップ４では到達目標に「困難事例に対してチーム支援の調整機能を果たすことができる」があります。

⑨のようにケース会議を提案し、ステップ４の４「困難な事例に対するチーム支援のためのケース会議を企画できる」ができています。また⑩のように、児童相談所にお母さんと里親の調整を依頼したり、⑪のように、教職員に対しても理解を求めたりしています。これらはステップ４の３「困難な事例に対するチーム支援の不備・不足を改善できる」ができていると言えます。

ステップアップへのアドバイス

マキ子先生もアルコール依存症のお母さんを持つ子どもの支援は初めてでした。ベテランであっても複雑な事例は初めての経験となることが多いのです。

マキ子先生はチーム支援であることも強く意識し、関係者の持つ力を最大限発揮するように調整しています。例えば、当事者は学校の言うことは聞かないが、児童相談所の言うことは聞くなど、同じことを言っても肩書きが違う人が言うだけで事態が好転することもあります。チーム支援では引き出しを多くすることができるのです。

養護教諭は学校という現場にいます。よって対象者に直接支援する機会が多いはずです。でも困難な事例では、直接支援だけが奏功するわけではありません。例えば貧困の問題から虐待が起こっているのであれば、虐待を改善する早道は行政からの手当を得て、貧困を改善することなのです。学校以外の部分を解決することが、子どもの状態を改善する早道である場合もあるのです。家庭などに問題があり、それは学校の問題ではないと片付けてしまいそうなチカちゃんに対して、マキ子先生は入学式前日から視野に入れています。そして複雑な事例と感じたところから、すぐにチーム体制を整え始めます。

マキ子先生が行ったケースマネジメントの流れは、①ニーズの発見と把握→②職場での会議→③アセスメント→④支援計画の検討・作成→⑤支援の実施・調整→⑥支援

第9章　「ケースマネジメント」のスキルラダー

計画のモニタリング→⑦再アセスメントです。①〜⑦が繰り返されます。ステップ1の段階では、自分がチームの一員として常に何ができるか、そのチームのリーダーとなる人に聞きながら、子どもに接する実働部隊として働いていきましょう。そして、ケース会議にどんどん参加させてもらい、ケースマネジメントを学びましょう。そのような経験を積む中で、自分がケースマネジメントを行える力がついていきます。

　担任と違い、養護教諭は毎年受け持ちの子どもが変わるわけではありません。マキ子先生のように、5年目であれば5年間同じ子どもを見てきたことになります。このように、しっかりケースを把握して継続的に見ていくことができることは、養護教諭の強みです。

65

第10章 「保健室経営」のスキルラダー

　中教審答申（H20.1）では、子どもの健康づくりを効果的に推進するためには、学校保健活動のセンター的役割を果たしている保健室の経営の充実を図ることが求められています[1]。

　保健室経営計画については、「保健室経営計画とは、当該学校の教育目標及び学校保健の目標などを受け、その具現化を図るために、保健室の経営において達成されるべき目標を立て、計画的・組織的に運営するために作成される計画」とされています。

　今回のテーマは「保健室経営」です。一体どういうことがスキルラダーとなっているのでしょうか。早速事例を見ながら考えてみましょう。

事例1
養護教諭歴1年目のユミ子先生の場合

　今年度のはじめ、新規採用として全校児童350人のA小学校に赴任したユミ子先生は、身体測定で慌ただしい1学期を駆け抜け、運動会、野外活動や修学旅行の引率など行事が盛りだくさんだった2学期を終えようとしています。

　1学期は学校目標や子どもの様子など学校のことを把握するので精一杯でしたが、2学期は学校行事で地域の方たちとの交流の中で、A小学校がある学区のこともかなり理解してきました。学区は3つの自治会から成り立っていること、昔はこの辺は田んぼや山林に囲まれた地区で、農業を営む専業農家の3世代家庭が多かったけれど、山林に新興住宅地ができたことで、核家族のサラリーマン家庭が増えていることなどがわかりました。

　また、新採指導担当養護教諭の指導のもと、守秘義務について学んだり、利用しやすい保健室のレイアウトを考え、備品や薬品の点検も定期的に行ったりしました。3学期はこの1年を生かして、前任者が作成した保健室経営計画や学校保健目標を見直した計画を立てようと考えています。

ステップ1の到達目標

　ここで、ステップ1の「到達目標」を確認してみましょう。

第10章　「保健室経営」のスキルラダー

> 1．学校保健活動の背景や根拠を把握し、養護教諭の仕事を理解できる
> 2．保健室そのものの環境を整えることができる
> 3．指導のもと、保健室経営計画に基づいて保健室を運営できる
> （※ここで言う、指導のもとの「指導」とは、新採指導担当養護教諭の指導をさします。）

　ユミ子先生は指導のもと、養護教諭の仕事や保健室について、さらに学校保健活動を行うにあたって理解しておくべき学区の情報など基本的事項について、よく学んだり考えたりして、今年の保健室経営を行うことができました（詳細な「到達度」の項目はスキルラダーの表を参考にしてみてください）。

　ユミ子先生は、次に来年度を迎えるにあたって、どんなことを改善したらいいのだろうか、と考え始めました。「今年度は前任の養護教諭が残してくれたものがあったけれど、私一人で、どう改善点を見つけて計画につなげればいいのかしら…？」そんなことを思っています。ユミ子先生が今後ステップを順調に上がるためには、どんなことが必要なのでしょうか。次に養護教諭歴5年のアサ子先生の保健室経営を覗いてみましょう。

事例2
養護教諭歴5年目のアサ子先生の場合

　アサ子先生は、養護教諭歴5年目です。昨年異動をして2年目、全校児童450人の小学校で2校目の勤務をしています。

> 　初任校では、地区の研修課題でもあったので、それに合わせて学校でも生活習慣の改善に取り組みました。現任校B小学校では、生活習慣アンケートで歯磨きの習慣が定着しておらず、昨年のむし歯の治療率も低かったことから、歯の衛生指導を中心にこの1年間保健指導の計画を立てました。どうやら両親共働きの家庭が多いことから、仕上げ磨き等の時間がなく、手が回っていない様子であることもわかってきました。
>
> 　そこで、年度初めに保健室経営計画として職員や保護者に現状を説明し、周知した上で、まず養護教諭による歯科保健指導と児童全員に歯垢の染め出しを行いました。保護者を対象として学校歯科医をお招きした講演会を開催しました。さらに低学年には、地域の老人会ボランティアによる歯磨きに関する人形劇を行いました。
>
> 　逆に、それまで毎週金曜日に行っていた上靴衛生持ち帰り運動はかなり定着したので、今年から取りやめました。歯垢の染め出しには染め出し用の錠剤等が必要でしたが、昨年度末に予算要求しておいたので問題なく購入できました。各行事の事後には、振り返りの材料とするためにアンケートを実施しています。

表10-1 「保健室経営」のスキルラダー表

・スキルラダーはステップ1からステップ4まであります。それぞれのステップに対象が2つあります。「個別への働きかけ」と「集団への働きか
　け」です。
・それぞれの項目についてできていると思ったら「○」を、できていないと思ったら「×」をつけてください。
・ステップ1についてチェックが終了したのち、ステップ2に進んでください（×をつけたとしても、次のステップに進んでよい）。

ステップ1					ステップ2			
到達目標	1	学校保健活動の背景や根拠を把握し、養護教諭の仕事を理解できる			到達目標	1	学校保健活動に必要な予算の仕組みについて理解できる	
	2	保健室そのものの環境を整えることができる				2	学校保健活動の目標に関する評価ができる	
	3	指導のもと、保健室経営計画に基づいて保健室を運営できる				3	保健室経営計画の改善を図ることができる	
個別への働きかけ・集団への働きかけ					個別への働きかけ・集団への働きかけ			
	1	保健室内を清潔にしておくことができる						
	2	子どもが休養できる環境を作ることができる						
	3	子どもが来やすいようドアを開けておくなどの工夫をすることができる						
	4	カーテンの色、机の配置などを工夫し、落ち着いた空間を作ることができる						
	5	相談や応急処置が行いやすいように保健室内の配置ができる						
	6	来室者の記録をとり、整理することができる						
	7	備品管理を行える						
	8	マニュアルに従って薬品管理ができる						
	9	個人の負傷・疾病・相談内容について守秘義務を遵守している						
	10	個人の家庭環境、経済環境について守秘義務を遵守している						
	11	個人情報が入った書類は鍵をかけて管理している						
	12	個人情報が入った書類を破棄する際は、学校で定められた方法で行うことができる						
	13	近隣の養護教諭と連絡をとることができる						
						1	近隣の養護教諭と情報交換を行い、自分の保健活動に役立てることができる	
						2	自分の学校の保健室経営計画の根拠を説明できる	
						3	日常業務の分析から業務の在り方を見直すことができる	
						4	日常業務の分析から次年度の実践を計画できる	
						5	学校保健活動を行うに当たって根拠を持って説明できる	
						6	学区の繁華街の状況、祭りなどの文化的催し物を把握し、注意点を説明できる	
到達度	14	市町村や学区の歴史的背景を説明できる			到達度	7	学年・学級の特徴が説明できる	
	15	年度の学校保健活動の目標を把握している				8	保健室経営計画の目標に沿って達成度が評価できる	
	16	年度の学校目標を説明できる						
	17	指導のもと、保健室経営計画を立てることができる				9	業務と関連した専門誌や論文を見つけることができる	
	18	指導のもと、保健室経営計画を立て、教職員に周知することができる				10	他校や他地域で行われている良い事例を収集できる	
						11	保健室経営について見直しを行い、教職員に報告し、意見を求めることができる	
						12	教育委員会・学校の基本方針・基本計画を把握して整合性を説明できる	
						13	学校の予算の仕組みを説明できる	
						14	保健室で必要な予算について根拠を説明できる	
						15	保健室で必要な予算案を立てることができる	
						16	提供する保健サービス（※1）の安全性を説明できる	
						17	提供する保健サービスについて予想される費用対効果を説明できる	
						18	活用できる地域の人的・社会的資源をあげることができる	
						19	対応に必要な根拠法や条例、最新の情報、知見を説明できる	
						20	学校保健活動を展開する際、他者にわかりやすい資料を作ることができる	

※1　養護教諭の活動（PDCA）のD（Do：実行）の部分をさすものである。保健教育・健康診断・健康相談などがこれに含まれる

第10章 「保健室経営」のスキルラダー

		ステップ3
到達目標	1	学校保健活動に必要な予算を適切に運用できる
	2	日常業務の分析や研究を生かして保健室経営計画を改善できる
	3	学区を視野に入れて保健室経営計画を立てることができる

個別への働きかけ・集団への働きかけ

到達度	1	学区の養護教諭と健康課題を共有し、保健活動に役立てることができる
	2	学区の健康課題の対策を他の養護教諭と共同で検討できる
	3	養護教諭が企画する調査の必要性を説明できる
	4	学区の民生委員・児童委員などから情報を収集し、校区の特徴を説明できる
	5	専門誌や論文をクリティカル（※2）に読むことができる
	6	他者の研究を理解して保健室経営に活用できる
	7	他者の研究結果を根拠として次年度の実践に活用できる
	8	保健室経営に対して教育委員会・学校の基本方針・基本計画を把握し、整合性を考え立案できる
	9	子どもの健康課題に基づいて予算の方針を適応させることができる　※具体例など説明が必要
	10	保健サービスの評価方法を説明できる
	11	保健サービスの安全性、費用対効果、影響を検討できる
	12	個別事例の支援が公平かつ円滑に行われるための方針を持つことができる

		ステップ4
到達目標	1	学校保健活動の評価を通して必要な企画を立てることができる
	2	教職員に対し、学校保健活動のリーダー的存在となることができる
	3	保健室経営をPDCAサイクルで展開し、学校運営に反映させることができる

個別への働きかけ・集団への働きかけ

到達度	1	学区の健康課題について関係者と協働で保健活動を企画・運営できる
	2	学校保健活動を推進する上でリーダー的役割をとり、関係者の意見を調整できる
	3	若い教員の健康相談の指導ができる
	4	教職員の学校における保健活動の展開を指導できる
	5	保健サービスの安全性、費用対効果、影響を検討し、計画に反映できる
	6	保健室経営をPDCAサイクルで展開できる

※2　クリティカルとは、「本当にそうなのだろうか？」と疑問を投げかけながら多面的に物事をとらえ、自分自身の思考に基づいて判断しようとすることである。

ステップ２の到達目標

　５年目のアサ子先生、計画的な保健室経営になっていることがわかりますね、さてステップ２の「到達目標」はどうなっているのか確認してみましょう。

１．学校保健活動に必要な予算の仕組みについて理解できる
２．学校保健活動の目標に関する評価ができる
３．保健室経営計画の改善を図ることができる

　アサ子先生は染め出し用の錠剤購入に予算を充てるため、前年度末に予算要求している、とありましたので、予算の仕組みを理解していますね。２つ目の評価については、各行事の後の評価について語られています。そして３つ目の保健室経営計画の改善では、生活習慣アンケートを基に計画を立て直し、不必要になったものを取りやめるなど計画の見直しが図られていることがわかります。

　また、初任校では地区の研修の流れもあって行っていた生活習慣改善指導だったようですが、現任校のＢ小学校ではしっかりと現状をアセスメントした上での目標設定となっているところも注目ですね。

　しかし、アサ子先生は実践の中で気づいたことがあります。「こんなに保健指導をやっていて身についた習慣も、少し経つとすっかり忘れてしまったように元の状態に戻ってしまうことがあるの。でもよく聞いてみると、『中学生のお姉ちゃんも朝に歯磨きしないから、ぼくもやらない』そんな声が聞こえたんです。小学校だけで取り組んでいてもだめなのかしら？」アサ子先生の疑問の答えは、養護教諭歴15年のサチ子先生が持っているかもしれません。サチ子先生の取り組みを見てみましょう。

事例３
養護教諭歴15年目のサチ子先生の場合

　サチ子先生は養護教諭歴15年目で、４校目のＣ中学校に赴任しています。小学校は３校経験し、出産・育児休暇を経て、現在は全校生徒400人のＣ中学校で３年目を迎えました。

　中学校への異動と決まったとき、この機会に養護教諭としても大きくステップアップがしたい、と思い立ち、とある学校保健関係の学会に入会しました。最新の研究に触れることで、今後の学校保健の動向がつかめるようになるのではないかと感じています。
　さらにかつての同期や仲の良い近隣学校の養護教諭を誘って、研究会を立ち上げました。研究会とは言っても、そんなに大そうなものではありません。月に一度週末２時間程度、自

分の子どもを家族に預け、リフレッシュも兼ねて、お茶をしながら情報交換や事例検討を行うのです。

　しかしそのことにより、養護教諭の職務に対する自分の考え方が深まり、視野が広がったと感じています。視野が広がったことで、小学校での保健指導が中学校につながり、中学校での保健指導はその先へつながるのだという実感が湧き、俯瞰で物事を捉えることができるようになりました。それまでは学校の中だけで行っていた学校保健活動を校区の小学校とともに行い、そこから健康課題の共有をし、連携した取り組みを計画して行っています。また、これまで管理職のみが対応していた地域の児童委員との会合にも参加させてもらい、地域の中での生徒の様子もよくわかってきました。

　そういえば、冬に流行したインフルエンザ対策として、急に予算要求をしていなかった物品が必要になったことがありました。きっと前なら申し訳ない気持ちで少しだけ買ってもらっていた物品も、年の功か図々しく…いえ、そうではなく、きちんとこういう理由で必要である、と説明し、必要数を購入していただきました。

ステップ３の到達目標

　サチ子先生の活動は広がりを感じるようになりましたね。さて、ステップ３の「到達目標」はどのようなものか見てみましょう。

> １．学校保健活動に必要な予算を適切に運用できる
> ２．日常業務の分析や研究を生かして保健室経営計画を改善できる
> ３．学区を視野に入れて保健室経営計画を立てることができる

　サチ子先生は、必要な予算を適切に、根拠を持って運用していることが、インフルエンザの際の例でうかがえます。また学会に参加したり、仲間と研究会を立ち上げて日々の業務の振り返りを行うことで、到達目標の３にある学区を視野に入れた保健室経営計画を改善し、作成して取り組んでいます。

　サチ子先生の取り組みは、その口ぶりは謙虚ながらも、中堅の養護教諭と呼んで差し支えないレベルに達しています。しかし、そんなサチ子先生でも、どう逆立ちしても届きそうもないと尊敬してやまない養護教諭がいるのです。

事例４
養護教諭歴25年目ミホ子先生の場合

　ミホ子先生は養護教諭歴25年目。これまでに小学校、中学校、特別支援学校などを経験し、現在は全校生徒800人のＤ中学校に赴任しています。校務分掌として、保健主事も兼務しています。

本校の保健室はしっかりと保健室利用のルールが守られ、明るく落ち着いた雰囲気の保健室だと思います。利用者は生徒だけではありません。保護者が相談に来ることもありますし、放課後になると職員も生徒の相談をするために保健室を訪れます。そんなこともあり、学校保健に関する職員研修が必要だと感じたので、毎学期初めの職員会議では、応急処置や、いじめ・虐待・不登校問題等、メンタルヘルスに関するミニ講座を行っています。

　また、毎年の評価や成果を通してみて、健康課題の解決は学校内だけでは限界があることを感じ、学区の養護教諭や自治会と協力して『地域全体で子どもを育てる』ことに主眼を置いています。今年は参加者に学区の民生委員や児童委員、そして保健師も加えた学校保健委員会を企画し、開催しました。

　3学期になると、1年間の評価と翌年の計画づくりを始めます。1年間の学校保健の状態のアセスメント項目は多岐に渡るため、とても時間がかかりますが、ここをしっかりと押さえることが健康課題の抽出と目標の設定には欠かせません。保健行事の安全性、効果があったか、子どもたちにどの程度の影響を与えることができたか等、養護教諭だけでなく、学校保健部の職員と一緒に毎年時間をかけて行い、計画を作成します。こうすることで、保健活動の根拠がはっきりするので、職員にも大変協力的に関わってもらえています。

ステップ4の到達目標

　ミホ子先生の保健室経営の様子からは、生徒を中心として家庭・学校・地域が一体となって作る保健活動が見て取れますね。では、ステップ4の「到達目標」の確認をしてみましょう。

> 1．学校保健活動の評価を通して必要な企画を立てることができる
> 2．教職員に対し、学校保健活動のリーダー的存在となることができる
> 3．保健室経営をPDCAサイクルで展開し、学校運営に反映させることができる

　ミホ子先生は、教職員に対する研修や個別の指導・相談を行っており、学校保健活動のリーダー的存在を担っています。さらに複数の職員と評価を行いながらPDCAサイクルを展開したり、必要であれば学校内外の関係者と連携を密にしながら企画を立ち上げたりしています。そこからは、家庭・学校・地域をまとめるコーディネーター的役割を果たしていることもわかります。

　ステップ4は、いわゆる熟練と言われるようなレベルにあたります。このレベルは、誰もが経験さえ積めばなれる、というレベルではありません。しかし、スキルラダーの到達目標や到達度でその項目を自己評価してみることで、もしかしたら今までなかった視点に気がつくことがあるかもしれません。まずは気がつくこと、そしてそこから各項目の意味を考えてみることにより実践につながれば、ステップ4に自然と近づくことができるかもしれません。

ステップアップへのアドバイス

　今回は４人の養護教諭のそれぞれの事例を挙げ、スキルラダーを確認しました。ベテラン養護教諭ミホ子先生ともなると、自治会などと取り組む活動が、学校という垣根を超えた包括的な活動になっていることがわかりますね。

　保健室経営を行う上で、全ての基になるものは「保健室経営計画」です。しかし、全体の３割の養護教諭は保健室経営計画を作成していない現状があり、さらにその内容や作成方法についても課題があることが明らかになっています[2]。冒頭でも述べたように、養護教諭が学校保健活動の中核的な役割を果たすためには、学校保健活動のセンター的役割を果たしている保健室経営の充実を図ることが求められます。そのためにはまず、児童生徒の健康課題を把握し、保健室経営計画の作成を行い、加えて教職員への周知を図り、理解と協力を得て取り組むことが望まれます[1]。

〈参考文献〉
1）中央教育審議会答申：子どもの心身の健康を守り、安全・安心を確保するために学校全体としての取組を進めるための方策について、2008
2）公益財団法人日本学校保健会：保健室経営計画作成の手引き 平成26年度改訂、2015

第11章 「保健組織活動」のスキルラダー

組織活動は充実していますか？

　組織活動と言われると、「学校保健計画」の立案や「学校保健委員会」が思い出されるかと思います。それぞれの実施に関して、表11−1に根拠を示しました。

表11−1　学校保健計画と学校保健委員会の根拠

	法律・通知等	根拠
学校保健計画	学校保健安全法第5条（計画の策定）	学校においては、児童生徒等及び職員の心身の健康の保持増進を図るため、児童生徒等及び職員の健康診断、環境衛生検査、児童生徒等に対する指導その他保健に関する事項について計画を策定し、これを実施しなければならない。
	学校保健法等の一部を改正する法律の公布について（通知）平成20年7月	学校保健計画は、学校において必要とされる保健に関する具体的な実施計画であり、毎年度、学校の状況や前年度の学校保健の取組状況等を踏まえ、作成されるべきものであること。
学校保健委員会	学校保健法および同法施行令等の施行にともなう実施基準について（文部省体育局長通達）昭和33年6月	学校保健計画は（略）同法の運営をより効果的にさせるための諸活動たとえば学校保健委員会の開催およびその活動の計画なども含むものであって、年間計画及び月間計画を立てこれを実施すべきものであること。
	児童生徒等の健康の保持増進に関する施策について（保健体育審議会答申）昭和47年12月	学校における健康の問題を研究協議し、それを推進するための学校保健委員会の設置を促進し、その運営の強化を図ることが必要である。年間を通じて計画的に開催し、学校内の協力体制はもとより、家庭や地域社会との協力関係を確立して地域保健との密接な連携を図ることが必要である。
	生涯にわたる心身の健康の保持増進のための今後の健康に関する教育及びスポーツの振興の在り方について（保健体育審議会答申）平成9年	学校における健康教育の推進の観点から、運営の強化を図ることが必要である。その際、校内の協力体制の整備はもとより、外部の専門家の協力を得るとともに、家庭・地域社会の教育力を充実する観点から、学校と家庭・地域社会を結ぶ組織として学校保健委員会を機能させる必要がある。さらに、地域にある幼稚園や小・中・高等学校の学校保健委員会が連携して、地域の子どもたちの健康問題の協議等を行うため、地域学校保健委員会の設置の促進に努めることが必要である。
	子どもの心身の健康を守り、安全・安心を確保するために学校全体としての取組を進めるための方策について（中央教育審議会答申）平成20年1月	学校保健委員会を通じて、学校内の保健活動の中心として機能するだけではなく、学校、家庭、地域の関係機関などの連携による効果的な学校保健活動を展開することが可能となることから、その活性化を図っていくことが必要である。このため、学校において、学校保健委員会の位置付けを明確化し、先進的な取組を進めている地域の実践事例を参考にするなどして、質の向上や地域間格差の是正を図ることが必要である。

第11章　「保健組織活動」のスキルラダー

学校保健委員会の現状

平成27年度における学校保健委員会の設置率（平成28年5月、文部科学省調べ）は、小学校95.5％、中学校94.5％、高等学校93.1％、中等教育学校100.0％、特別支援学校96.2％となっており、一見すると十分かと思いますが、逆に考えると「設置さえされていない学校」もあることに気づきます。また、設置されていても開催されていない学校や、年1回のみの開催が多く、充実した議論が行われていない、マンネリ化しているなど質的な課題があります（平成28年3月、公益財団法人日本学校保健会『平成27年度学校保健委員会に関する調査報告書』より）。同報告書から「地域学校保健委員会」の設置率を見ると、小学校12.1％、中学校12.9％、高等学校3.2％、中等教育学校0％、特別支援学校2.3％と、平成9年の答申から20年以上経っている中で設置が推進されていない現状が見られます。

学校保健委員会に関する養護教諭の悩みについては、スキルラダー研究会のホームページの「教えて達人─ネット de 事例検討（http://b.ibbs.info/sliper201611/）」にも掲載されています。

今回は、組織活動のスキルラダーについて、「学校保健委員会」に関する事例を通して考えていきましょう。

❖ … ❖ … ❖ … ❖ … ❖ … ❖ … ❖ … ❖ … ❖ … ❖ … ❖ … ❖ … ❖ … ❖ … ❖ … ❖ … ❖

ベテラン養護教諭マキ子先生の勤めている中学校では、毎朝、担任外の教員が玄関に立ち、登校指導を行っています。服装の乱れや遅刻がないように指導をすることが目的ですが、マキ子先生にとっては、前日に保健室を訪れた生徒や欠席をしていた生徒へ声掛けすることのできるよい機会となっています。また、言動や雰囲気から生徒の様子をうかがい知る機会にもなっており、気持ちよく朝を迎えることができていない生徒を多く見ていました。

そのような中、小学校に勤務していた時と違い、登校後すぐに体調不良を訴える生徒が多くいたことから、マキ子先生は何か原因があるのではないかと考えました。

「保健組織活動」のスキルラダー

「保健組織活動」のスキルラダー表（表11-2）では、「携わる人々の共通理解のもと、共通の目標に向かった有機的な連携による組織的な活動ができること」を目指します。

ステップ1では、「1　校内・外の関係職種を把握し、その目的と役割を説明することができる」「2　児童生徒保健委員会の運営を行うことができる」「3　学校保

75

表11-2 「保健組織活動」のスキルラダー表

・スキルラダーはステップ1からステップ4まであります。「保健組織活動」については「集団への働きかけ」のみです。
・それぞれの項目についてできていると思ったら「○」を、できていないと思ったら「×」をつけてください。
・ステップ1についてチェックが終了したのち、ステップ2に進んでください（×をつけたとしても、次のステップに進んでよい）。

ステップ1			ステップ2		
到達目標	1 校内・外の関係職種を把握し、その目的と役割を説明することができる		到達目標	1 関係機関と協働した活動ができる	
	2 児童生徒保健委員会の運営を行うことができる			2 学校保健計画立案に積極的に参画することができる	
	3 学校保健計画を理解している				
集団への働きかけ			集団への働きかけ		
	1 教職員に報告・連絡・相談ができる			1 立場の異なる意見も理解できる	
	2 教職員の仕事を理解している			2 相互の意見の中で判断して自分の立場を説明できる	
				3 社会資源側に情報提供し、支援目的を共有して協働につなげることができる	
	3 学校保健に対する教職員の考えを聞くことができる			4 子どもたちと教職員の両方からニーズを把握し、判断できる	
	4 社会資源として活用可能な職種がわかる			5 関連機関の担当者や地域の人材を知っている	
				6 活用可能な社会資源を説明できる	
				7 活用可能な社会資源を選択できる	
				8 活用可能な校内組織・校外組織を説明できる	
				9 活用可能な校内組織・校外組織を選択できる	
				10 潜在、もしくは顕在する健康課題と関連させて社会資源を広報することができる	
				11 活用できる人材・機関を当事者に伝えることができる	
				12 活用可能な機関・人材を管理職に伝えることができる	
				13 援助が必要な場合、提示する情報の中身を教職員と相談できる	
				14 活用できる支援方法を説明できる	
到達度	5 児童生徒保健委員会活動を展開できる		到達度	15 ある集団に対して活用できる支援方法を選択できる	
	6 指導のもと児童生徒保健委員会活動を運営できる			16 児童生徒保健委員会の機能を評価できる	
				17 前年度の反省を生かして児童生徒保健委員会活動を展開できる	
	7 保健主事と協力して学校保健委員会を運営できる			18 児童生徒保健委員会活動の計画立案を行うことができる	
	8 学校保健委員会の運営計画について関係者の意見を聞くことができる			19 子どもたちの健康課題と関連させて学校保健委員会活動を行うことができる	
				20 学校保健委員会に子どもを参加させて運営することができる	
	9 学校保健計画の内容を把握している			21 保健行事について見直しを行い、教職員に報告できる	
	10 学校保健計画における年度の目的を理解し、実施状況を記録することができる			22 学校保健計画の立案をすることができる	
	11 次年度の学校保健計画立案について関係者と協議することができる			23 学校保健計画にいつ、だれが、どのようにやるかを明記することができる	
	12 学校保健計画の評価項目を挙げることができる			24 学校保健計画を前年度と比較できる	
	13 学校保健活動の目標に沿って達成度が評価できる			25 学校保健計画立案の際、専門的立場から意見を言える	
				26 学校保健活動の目標に沿った達成度をもとに自己評価ができる	

ステップ3

到達目標		
	1	複雑な事例に対して校内・外の支援システム構築に向けて主体的に働くことができる
	2	複数の支援システムを連動させた活動ができる

集団への働きかけ		
到達度	1	子どもたちと教職員のニーズを包括的に判断できる
	2	対象の特性やニーズから必要な対策を説明できる
	3	対象の特性やニーズから必要な対策を立案できる
	4	社会資源を活用した計画を立てることができる
	5	地域の人材・機関の不足や不十分な点を挙げることができる
	6	事例に対して地域の関係者の支援能力を判断できる
	7	対応について根拠に基づいて関係機関に説明できる
	8	校内組織・校外組織を活用した計画を立てることができる
	9	支援体制を評価（チェックリスト・検討会など）できる
	10	支援体制に対して根拠を示して当事者の了解を得ることができる
	11	計画を導入する際に教職員と交渉することができる
	12	問題に対して教職員に個別にアドバイスをすることができる
	13	問題に対して教職員に個別に研修会などを紹介することができる
	14	事例に対して教職員の支援能力を判断できる
	15	子どもたちの主体的な児童生徒保健委員会運営を行うことができる
	16	複数の支援システムを連動させる計画が立案できる
	17	複数の支援システムを連動させた活動を展開できる
	18	養護教諭への報告・連絡・相談の必要性を教職員に説明できる
	19	分掌に位置づけるよう管理職に働きかけることができる
	20	養護教諭が支援チームの中で報告・連絡・相談の窓口となることができる
	21	学校保健計画以外の計画に対して専門職として意見が言える
	22	健康診断以外の学校行事に対しても養護教諭の立場から意見を言える

ステップ4

到達目標		
	1	校内・外の支援システムを使って、支援活動をPDCAで展開することができる
	2	地域の健康づくりの拠点の一つとして機能できる

集団への働きかけ		
到達度	1	必要な校内・外の支援組織を立ち上げることができる
	2	支援体制に対して根拠を示して支援体制の修正提案を考えることができる
	3	支援体制に対して根拠を示して教職員や管理職の共通理解を得ることができる
	4	校外の支援システムと連動させることができる
	5	校外の支援システムと連動させる際に文化的な活動を活用し、協働して働きかけることができる
	6	教職員からの提案を尊重しつつ根拠を持って判断し、養護教諭の意見を述べ調整することができる
	7	教職員に対して教職員研修の開催を提案し、企画することができる
	8	教職員に対して教職員研修を開催し、評価できる
	9	リーダー的役割として機能できる
	10	支援体制をPDCAサイクルを用いて計画の見直しを行うことができる
	11	健康課題に関する校内組織や支援について不備・不足に気が付き、根拠を持って改善案を言える
	12	校内・外の支援システム構築に関して根拠となる法令や計画を把握した上で運用方針を提案できる
	13	校内・外の支援システム構築に関して根拠となる法令や計画を把握した上で運用方針を文書化できる
	14	組織活動を行った際、その活動を学会等で報告し、情報を発信することができる
	15	組織活動を行った際、その活動を地元の新聞などで広報してもらうことができる
	16	対象の特性やニーズから必要な対策を立案し、支援システムを構築することができる
	17	支援システムが機能しているかをアセスメントすることができる

健計画を理解している」を到達目標としています。

◇…◆…◇…◆…◇…◆…◇…◆…◇…◆…◇…◆…◇…◆…◇…◆…◇…◆…◇…

　マキ子先生はこう考えます。健康的な生活習慣を実行できているのであれば、登校後すぐに保健室に来るようなことはないだろう。保健室来室時の訴えは「眠い」「だるい」「気持ち悪い」であり、問診から「朝食を摂っていない」「排便していない」「すっきり起きることができない」という実態が把握できました。中学生になると部活動が始まり、学習塾へ通う割合も高くなるという生徒の生活パターンが原因にあるのではないかと考えました。そこで、生徒保健委員会の議題に生活リズムを挙げて話し合いを行ったところ、生徒の意見として「食習慣の乱れ」があることが出されました。その健康問題を解決につなげるため、学校保健委員会の研究発表テーマとして「食生活について」行うこととし、全校生徒に食生活のアンケートを行うことになりました（集団への働きかけ5・6）。

◇…◆…◇…◆…◇…◆…◇…◆…◇…◆…◇…◆…◇…◆…◇…◆…◇…◆…◇…

　ステップ2では、「1　関係機関と協働した活動ができる」「2　学校保健計画立案に積極的に参画することができる」を到達目標にしています。

◇…◆…◇…◆…◇…◆…◇…◆…◇…◆…◇…◆…◇…◆…◇…◆…◇…◆…◇…

　アンケートは学校栄養士と保健主事にも相談し、生徒自身が自分たちの食習慣が見えるものにしました（集団への働きかけ9）。アンケートは各クラスの生徒保健委員が、それぞれのクラスで説明・配付・回収・集計まで行いました（集団への働きかけ19・20）。アンケート調査の結果、部活動を終えて帰宅した後、学習塾に行く間に軽い食事を摂る。そして、学習塾から帰った後の遅い時間に食事を摂り、満腹状態で入浴・就寝、朝は登校ギリギリに起き、食事・排便がままならないまま登校するという実態が把握できました。

　また、こうした生徒に保健室来室が多いことも分かりました。生活習慣の悪循環からこのような結果に至っていることが分かったので、学校栄養士から学習塾後に摂る「夜食」に焦点をあてた指導をすることで、悪循環を断ち切ることができるのではないかとの助言を得ることができました。また、食事に関しては、生徒だけに指導をしても保護者の協力を得なければ改善されにくいので、学校保健委員会で保護者にも現状を伝えることが効果的であると考えたのです。

◇…◆…◇…◆…◇…◆…◇…◆…◇…◆…◇…◆…◇…◆…◇…◆…◇…◆…◇…

　ステップ3では、「1　複雑な事例に対して校内・外の支援システム構築に向けて

第11章 「保健組織活動」のスキルラダー

主体的に働くことができる」「2 複数の支援システムを連動させた活動ができる」が到達目標です。

◆⋯◆⋯◆⋯◆⋯◆⋯◆⋯◆⋯◆⋯◆⋯◆⋯◆⋯◆⋯◆⋯◆⋯

　学校保健委員会では、生徒保健委員会からアンケート結果を報告し、「体調不良の原因に食習慣の悪循環があること」を発表しました（図11－1）。その発表を受けて、学校栄養士から、悪循環を断ち切るコツとして夜食を摂るのであれば消化によいものを取り入れる。そうすることで睡眠がよくとれ、朝すっきり起き、朝食を摂り、排便を促し、気持ちよく登校することにつながるといった「消化によい夜食の選びかた」を指導してもらいました（集団への働きかけ15）。

　学校栄養士からの指導と合わせて、生徒保健委員会から提案された改善点を図11－2に示しました。この活動から、教職員は体調不良の原因が食習慣にあることを知り、怠けや甘えだと感じていたものから意識の変化がもたらされたのです。保護者には、夜食を子どもの食べたいものという視点で選ぶのではなく、消化によいという視点で選ぶことを学ぶ機会を与えることができました。学校医からは、成長の著しい中学生の生活リズムを整えることの重要性について助言があり、今回の活動の意義を裏付ける意見が出されたのです。

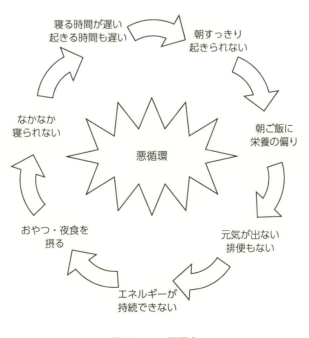

図11－1　問題点

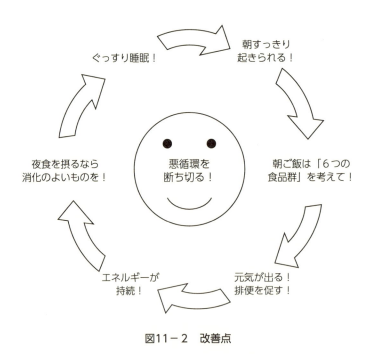

図11－2　改善点

◈…◈…◈…◈…◈…◈…◈…◈…◈…◈…◈…◈…◈…◈…◈…◈…

　ステップ４では、「１　校内・外の支援システムを使って、支援活動をPDCAで展開することができる」「２　地域の健康づくりの拠点の一つとして機能できる」が到達目標です。

◈…◈…◈…◈…◈…◈…◈…◈…◈…◈…◈…◈…◈…◈…◈…◈…

　全校生徒や家庭には、「学校保健委員会だより」を発行し、アンケート結果や夜食の選び方を掲載し、情報の共有を図りました。保健室に来室する生徒には、個別の保健指導として、生活リズムを整えることに加え、食事の摂り方に関しても指導を行いました（集団への働きかけ11）。活動終了後、年間の活動の振り返りを行い、次年度の学校保健計画立案に向けて話し合いました。そして、次年度も生徒の健康実態に寄り添った活動を推進していくことが決まりました（集団への働きかけ10）。
　この活動を通して、生徒自身が自らの体調不良の背景を自覚すること、また、その問題の解決には大人の知識や知恵を借りることなどを学習できたのです。学校保健委員会は、子どもと大人が問題を共有し、健康的な生活づくりをする上で活用できる有効な手段であると考えます。

ステップアップのヒント

　今日の子どもたちの健康問題を考えた時、子どもを取り巻くより多くの人たちがつながりながら、子ども自身に力をつけていくことが必要です。マキ子先生の事例は、第7章の「薬物に関わる事例」や、第8章での「視力検査の結果から環境検査につなげた事例」と同じように、養護教諭がとらえた子どもの実態から出発し、保健委員会の子どもたちが学校生活をよりよく過ごしていくことができるよう調査に取り組みました。そしてそれを学校保健委員会に報告し、問題を投げかけることを通して、教職員や保護者の意識と行動を変え、学校生活の改善につないでいった事例です。

　子どもが主体的に活動できる学校保健委員会にしていくためには、子どもの「こうしたい、こうなりたい」というニーズを大切にすること、それを実現するためには、教職員や子どもを取り巻く大人たちも「こんな子どもに育ってほしい」という願いを持ち、子どもたちに働きかけること、こうした子どもと大人が一体になって活動できる場として、学校保健委員会は有効であると考えます。予防的・課題解決的な視点で活動していくことで、意識の変化、改善への道筋をつくることにつながるのです。そしてそれが子どもたちに達成感を味わわせることにもなるのです。

　学校保健委員会を推進することが求められている中で、養護教諭はこうした活動を推進していくための核となり、人と人をつなげていくことができる存在です。また、学校教育計画の中に動ける校内組織づくりと学校保健計画に学校保健委員会をしっかり位置付けておくことです。組織的に取り組めるようになると、養護教諭が入れ替わってもその活動は続いていきます。

　そして、養護教諭が中心となり、教職員に共通理解を図り、関係機関と連携を取り、子どもを取り巻く大人が協力をして「子どもの健康を護り育てる」ためにしっかりと子どもの現状をとらえることに尽力していきましょう。

第12章　「自己研鑽」とまとめ

「その実践、子どものためになっていますか？」

スキルラダーの開発は、この一言から始まりました。職場で一人であることが多いために、同僚や先輩の行動を見て学んだり、直接指導を受けたりする機会がない私たち。自分の実践が子どものためになっているか、そう自問自答しながら手探りで毎日の業務を行っている人が多いことでしょう。

「自己研鑽」とは、「自分自身のスキルや能力などを鍛えて磨きをかけること（Weblio辞書）」とあります。この本を読んでいる方は、まさしく自己研鑽をするために読んでいる方たちだと思います。

教員として、子どもの前に立つからには、自らも学び続ける姿勢は必須と言えるでしょう。「法律に定める学校の教員は、自己の崇高な使命を深く自覚し、絶えず研究と修養に励み、その職責の遂行に努めなければならない（教育基本法第1章第9条）（教員）」とされています。

修士号を取得したベテラン養護教諭・ミホ子先生の経験から

さて今回は、ミホ子先生の経験から「自己研鑽」のスキルラダーを考えてみたいと思います（表もあわせてお読みください）。

トイレの見回りだけはしてちょうだい

ミホ子先生は、養護教諭経験25年目のベテラン養護教諭です。大学を卒業後、すぐに養護教諭として新規採用され、Ｉ市の小学校に着任しました（学校の児童数は100人）。

ミホ子先生は、25年前の3月26日、辞令伝達式を忘れられません。式の会場にはＩ市の新任教員が集められていました。そして名前が呼ばれると、勤務校の校長先生に引き渡され、そのまま学校に連れて行かれました。そのときＩ市で採用された養護教諭は、ミホ子先生だけでした。

学校に着くと、前任者の先生から引き継ぎを1時間ほど受けました。さらに学校内のミホ子先生の指導者は、教務主任（女性）の先生だと告げられ、その教務主任は開口一番、「前の人は養護教諭らしいことは何もしてくれなかったのよ。とにかくトイレの見回りだけはしてちょうだい。前の人はやってくれなかったから」と言ったのです。

第12章 「自己研鑽」とまとめ

表12-1 「自己研鑽」のスキルラダー表

・スキルラダーはステップ1からステップ4まであります。
・それぞれの項目についてできていると思ったら「○」を、できていないと思ったら「×」をつけてください。
・ステップ1についてチェックが終了したのち、ステップ2に進んでください（×をつけたとしても、次のステップに進んでもよい）。

ステップ1　自分の仕事を振り返ることができる

到達目標

	項目	到達度
1	自分の課題を持って前向きに研修に取り組むことができる	
2	所属する養護教諭部会の研修会に参加することができる	
3	年度の自己研鑽に関する目標を立てることができる	
4	自分の活動を記録することができる	
5	自分の行った保健活動について倫理的な判断を説明することができる	
6	自らの健康管理ができる	

ステップ2　自ら必要な専門能力などを認識し、その獲得に努める

到達目標

	項目	到達度
1	養護教諭の専門能力の向上を目指した活動を計画することができる	
2	所属する養護教諭部会で役割を担当することができる	
3	所属する養護教諭部会の研修会に主体的に参加することができる	
4	自主的な研修会に参加することができる	
5	自分の活動を人にわかりやすく示す努力をしている	
6	自分の活動を研究的視野を持ってまとめることができる	
7	倫理的判断が困難な事例に対して相談できる	

ステップ3　養護教諭の専門能力の向上を目指した活動を行う

到達目標

	項目	到達度
1	大学院進学または専門能力の向上に寄与する資格を取得することができる	
2	上級免許を目指し必要な単位を取得することができる	
3	リーダーを経験することができる	
4	学会に参加することができる	
5	自分の活動が子どもたちに与えた影響を根拠を持って説明できる	
6	倫理的な判断が困難な事例に対して適切に判断できる	

ステップ4　学校保健活動について指導的役割をとる

到達目標

	項目	到達度
1	養護教諭に対して指導的役割がとれる	
2	学会で発表することができる	
3	学校保健の重要性を理解する風土を校内外に育てることができる	

そして４月１日、養護教諭としてスタートを切りましたが何がなにやらわかりません。トイレの見回りをし、汚れていたら掃除することだけはやっていました。聞く相手もおらず、前任者が残してくれた引き継ぎノートを必死に見ながら、入学式以降の健康診断などの準備をしていきました。そして、何をやったかを記録ノートを作って記入するようにしました（①ステップ１の４）。

　Ｉ市では、市内の養護教諭全員が所属する養護教諭部会が組織されていました。年に10回程度の研修会があった（②ステップ１の２）ので、そこで同じ校区の養護教諭に疑問に思ったことなどを尋ねるようにもしました。

◈‥◈‥◈‥◈‥◈‥◈‥◈‥◈‥◈‥◈‥◈‥◈‥◈‥◈‥◈‥

　ステップ１では「自分の仕事を振り返ることができる」が到達目標です。

　下線①のように記録ノートを作って記入することは、ステップ１の４「自分の活動を記録することができる」、下線②のように研修会に参加することは、ステップ１の２「所属する養護教諭部会の研修会に参加することができる」ができています。

一通りできるようになったけど……

　３年目になるとミホ子先生は、一通りの仕事は一人でできるようになったと自分では思うようになりましたが、それでも他の養護教諭より劣っていないかと心配でした。そこで先輩が誘ってくれたＩ市の養護教諭有志が自主的に行っている学習会（月１回土曜日の午後）に参加するようになりました（③ステップ２の４）。

　校長先生から自分の実践をまとめ、教育研究奨励賞に応募するよう勧められ、３年目を一つの区切りと考え応募したところ、優秀賞を受賞しました（④ステップ２の６）。

◈‥◈‥◈‥◈‥◈‥◈‥◈‥◈‥◈‥◈‥◈‥◈‥◈‥◈‥◈‥

　ステップ２の到達目標は「自ら必要な専門能力などを認識し、その獲得に努める」です。

　ステップ２の４は「自主的な研修会に参加することができる」です。下線③はまさしくその通りです。下線④は教育研究奨励賞に応募しており、ステップ２の６、「自分の活動を研究的視野を持ってまとめることができる」にあてはまります。

そうだ、大学院に行こう

　新任校での３年が終わり、４年目に別の学校に異動しました。児童数が800人に近

い大規模校です。人数が多いことも大変だと思いましたが、それよりも自分が子どもたちに働きかけていることは本当に成果が上がっているのか、上がっていないのであるならば、成果を上げるためにはどうしたらいいのか、そもそも成果をどうはかったらいいのか。「子どもの目が輝いていた」「子どもが楽しそうだったから良かった」。そういった学校現場での声に、本当なんだろうか？　証拠はあるのか？　というような疑問が湧いたのです。

　そこで、こういったことには「研究の視点が必要であり、研究を学ぶところは大学院だ」と言っていた大学のゼミの指導教官の言葉を思い出し、大学院に進学したいと考えるようになりました。進学の希望を学校長に相談し、休職せず、働きながら通える夜間大学院に進学することにしました。大学院では<u>カウンセリングを専攻しました。保健室に来室する子どもの悩みを聞いてあげたいと思っても、ただ話を聞くだけの自分に力不足を感じていたからです</u>（⑤ステップ３の１）。16時30分に定時で勤務を終えると、大学院生の顔になります。保健室登校の子どもへの養護教諭の健康相談活動について研究しました。さまざまな本や論文を読み、指導教官やゼミの仲間と意見交換をしました。こうして修士課程を出て最も変わったことは、エビデンス（証拠）に基づいて物事を考える癖がついたことです。そしていつもやっていることを「疑う」ことです。

　例として、保健委員会活動の一つにお悩みポストがあります。保健室前にポストを置き、子どもから悩みや質問を受けつけます。約600人の小学校で４月～７月のポストへの投入数は30件。１番に多いものは勉強に関するもの（12件）、２番は友人関係（８件）でした。サチ子先生は子どもの悩みの１番は友人関係と思っていたのですが、<u>実際には、勉強に関することだったということがわかり、勉強面への支援にさらに力を入れるように学校全体に働きかけました</u>（⑥ステップ３の５）。

◈┈◈┈◈┈◈┈◈┈◈┈◈┈◈┈◈┈◈┈◈┈◈┈◈┈◈┈◈┈◈┈◈┈

　ステップ３の到達目標は「養護教諭の専門能力の向上を目指した活動を行う」です。下線⑤のように自分に不足する能力を感じ大学院に進学しています。これはステップ３の１「大学院進学または専門能力の向上に寄与する資格を取得することができる」にあてはまります。ステップ３の５には「自分の活動が子どもたちに与えた影響を根拠を持って説明できる」がありますが、下線⑥のように自分が調べてわかったことを根拠に、子どもたちに影響を与えています。

学校保健のリーダー

　ミホ子先生は今でも新規採用教員の時に言われた「トイレの見回りだけはしてちょ

うだい」という言葉が忘れられません。でも自己研鑽を積んだ今ならこう言い返します。「先生は、トイレが汚れているということが問題で、養護教諭が見回りをすれば良いと考えているのですね」「わかりました」「まず、どこの場所が汚れるのか、どの時間帯なのか調べます」「これは環境衛生の問題であり、使い方の面では保健指導が必要です。清掃のことでは生徒指導もからんできます。そのため養護教諭一人で取り組むべき内容ではありません。学校保健として学校全体として取り組む問題です。私がリーダーとして改善します」（⑦ステップ4の3）。

　そして実際に現場に行き、子どもたちの使用状態を把握してから、さらに言います。「和式の使い方に慣れていないようです」「和式の水を流すハンドルが固くて子どもの力では水が流せません」。さらに、「こういった現状から、まずは保健指導としてトイレの使い方を担任と一緒に教えます。児童保健委員会でも呼びかけるようにします。環境（設備）面では、ハンドルを修繕し、流しやすいようにしてもらいます。さらに、現代の子どもは和式トイレが苦手です。洋式トイレに改修してもらえないか管理職を通して市へ依頼します」「このように学校全体で取り組むことであり、トイレの汚れを養護教諭一人が片付けていればすむ問題ではありません」。

　こうしてミホ子先生は、養護教諭だけが行うトイレの見回り問題を改善するでしょう。

　ミホ子先生は25年目の現在、I市での養護教諭部会では研修推進を担当後、養護教諭部会長も務め、市内のまとめ役として活躍しています。I市の養護教諭が感じた子どもの実感（子どもが疲れている）から、子どもの睡眠時間をI市全体で調査することを提案し、市内の養護教諭がデータの収集に協力、分析し、根拠を示して、教育委員会に報告しました。その内容は、就寝時刻が遅い子どもはメディアに触れている時間が長いということでした。そこで教育委員会はI市のPTAと協働し、メディアの使用時間に関して家庭でルールを決めることにしたのです。

　その他にも後輩養護教諭やベテラン養護教諭が縦にも横にもつながり、助け合ったり学び合ったりする場が必要と考え、月に1回近隣の養護教諭に声をかけて自主的な勉強会も主宰しています（⑧ステップ4の1）。これはどんどん広がりを見せ、現在では口コミで広がりI市内にとどまらず、養護教諭が集まっています。

◈⋯◈⋯◈⋯◈⋯◈⋯◈⋯◈⋯◈⋯◈⋯◈⋯◈⋯◈⋯◈⋯◈⋯

　ステップ4の到達目標は「学校保健活動について指導的役割をとる」です。

　ステップ4の3では「学校保健の重要性を理解する風土を校内外に育てることができる」があります。下線⑦のように学校の中で指導的役割をとり、学校職員に働きかけています。また下線⑧ではまさしくステップ4の1「養護教諭に対して指導的役割がとれる」を行っています。

ステップアップへのアドバイス

　私たちは自分が知っていることしか子どもに教えられません。自分が知っていることとは、多くの場合、学生時代に習ったことです。それゆえ、自己研鑽しない人は、学生のままの知識、技術でとどまっているとも言えるでしょう。現場で毎日経験することは、経験にはなりますが、自己研鑽をしない限り、ただの経験に終わります。学び続けることが大切です。文部科学省では修士課程を積極的に活用した現職教員の再教育を推進しています（http://www.mext.go.jp/b_menu/shingi/old_chukyo/old_shokuin_index/toushin/attach/1315380.htm）。

　サチ子先生のように修士課程に進むには、職場・家庭などの理解も必要で、敷居が高いと思っている方もいるでしょう。ですが今は、インターネットを使ったＥ－ラーニング（情報技術を用いて行う学習）などもあり、学び方も多様化してきました。さまざまな勉強会や研修会に参加することもできるでしょう。自分に合う形の学び方を見つけ、手を伸ばせばそこに自己研鑽する機会があります。

まとめ

　「ステップ１の頃は『子どもに何かしてあげたいのに実際には何もできない』というジレンマがあります。しかし、年齢を重ねるとマンネリ化して、最初志した熱い思いもどこかへ行ってしまいます。そんな現実を打破するためにスキルラダーはあります」と第１章で書きました。

　スキルラダーを活用した研修会は申し込み多数でお断りするほど盛況でした。また、実際に地区の研修会で使ってみた、使ってみたいというお話もいただきました。スキルラダーが自分の実践を的確に評価し、成長につながる方策としてお役に立てたのであれば研究会メンバー一同大変嬉しく思います。

　そして、一番成長したのは、養護教諭の方々からスキルラダー紹介の機会を通して「読んだよ。ここはどうなの？」「こうしたほうが良いのでは？」「こういう実践もあるよ」などの意見を教えてもらったスキルラダー研究会メンバー一人ひとりであることも間違いありません。ありがとうございました。

　「技術がなければ思いは届かない。思いがなければ技術は身につかない。」

　今後も実践者である皆さんと一緒に、スキルラダーを進化させていきたいと思います。

索　引

［ あ ］

アセスメント ……………… 14, 64, 70, 72
アルコール依存症 ……………… 60, 63, 64
安全 ………………………………………… 30
　── 確保 …………………………………… 21
　── 管理 ……………… 2, 30, 31, 34, 35
　── 点検 …………………………………… 19

［ い ］

医師 ………………………………………… 13
意識化 ……………………………………… 1
いじめ ……………… 15, 18, 19, 41, 56
一人前期 …………………………………… 2
インフルエンザ …………………………… 25

［ え ］

衛生管理 …………………………………… 20
エビデンス ……………… 24, 26, 28, 85

［ か ］

学級閉鎖 ……………………………… 25-27
学校
　── 安全 …………………………………… 34
　　　── 計画 ……………………………… 33
　── 医 …… 11, 19, 20, 25, 28, 29, 40, 41, 51
　── 栄養士 ………………………… 78, 79
　── 環境 …………………………………… 20
　　　── 衛生基準 ……………………… 51
　── 事故対応に関する指針 ………… 34
　── 保健
　　　── 安全法 ………………………… 36
　　　── 委員会
　　　……… 48, 49, 54, 72, 74, 75, 78-81

　── 活動 ……………… 67, 70-73, 86
　── 計画 ……………………… 74, 75
　── （の）目標 ………………… 20, 66
　── 薬剤師 ……………………… 51, 52
家庭訪問 …………………………………… 57
カン ……………………………………… 19, 20
環境衛生 ……………… 51, 52, 54, 55, 86
　── 活動 …………………………………… 54
感染症 ……………………………………… 24
危機管理 ………………………………… 31, 34
技術（ワザ） …………………………… 1, 3, 4
虐待 ……………………… 18, 41-43, 56
客観的情報 ………………………………… 15
客観的評価 ………………………………… 3
救急処置 ……………… 2, 14, 30, 31, 33
教育的視点 ………………………………… 8
教育目標 …………………………………… 66
教科保健 ……………………………… 44, 45
協働 …………………………… 29, 42, 78

［ け ］

ケース会議 ……………… 60, 62, 65
ケースマネジメント …………… 2, 56, 64, 65
けがの防止 ……………………………… 20
健康課題
　‥ 8, 10, 11, 24, 29, 40, 43-45, 49, 56, 57, 71-73
健康教育 …………………………………… 44
健康診断 ……………… 2, 8, 37, 49
健康相談 ……… 10, 11, 19, 36, 40, 41, 43
　── 活動 …………………………………… 2
顕在化 ……………………………………… 28
研修 …………………………………… 4, 44
兼職発令 ……………………………… 44, 45

索　引

［ こ ］

行動 ································ 3
コーディネーター ············· 56, 72
心のケア ······················ 31, 33
個別への働きかけ ·············· 15, 18
困難（な）事例 ············· 41, 62, 64

［ さ ］

災害 ··························· 30, 31
里親 ······························ 63

［ し ］

支援計画 ··························· 64
事件 ··························· 30, 31
事故 ··························· 30, 31
　── 予防 ···················· 15, 20
自己研鑽 ················ 2, 82, 86, 87
自己評価 ·········· 3, 4, 10, 14, 24, 72
事後対応 ··························· 33
資質能力 ···························· 3
疾病管理 ························ 20, 24
疾病予防 ···························· 2
　── 管理 ···················· 21, 24
児童相談所 ·········· 41, 43, 60, 62-64
集団への働きかけ ·············· 15, 19
主観的情報 ························· 15
熟練 ··························· 2, 3, 72
　── 期 ···························· 2
主体的 ············· 10, 20, 48, 54, 81
情報収集 ····················· 24, 28, 58
職務 ······························· 2
　── 別 ························· 1, 3
心因性 ···························· 18
心因的 ···························· 20
深化 ······························· 1
進化 ······························· 6

［ す ］

新人 ······························· 3
　── 期 ···························· 2

スキル ··························· 1, 3
スクールカウンセラー ············· 33
ステップ ······················ 2, 3, 4

［ せ ］

生徒保健委員会 ············· 48, 78, 79
セルフチェックカード ············· 11
専門職 ························· 19, 34
専門性 ···························· 44
専門能力 ·························· 85

［ そ ］

組織化 ···························· 43
組織活動 ·························· 74

［ た ］

多機関 ···························· 42
他者評価 ···························· 4
多職種 ························· 31, 33
段階別 ··························· 1, 3
担任 ····························· 60

［ ち ］

地域保健 ·························· 13
チーム支援 ····················· 56, 64
知識 ···························· 1, 3
中央教育審議会（中教審） ····· 2, 3, 44, 56
　── 答申 ························ 66
中堅期 ····························· 2

［ て ］

手洗い ···························· 27

定期的活動 ··························· *20*

[と]

当事者 ······························· *61*

到達度 ························ *14, 15, 67, 72*

到達目標 ······ *15, 49, 57, 58, 66, 70, 72, 78, 84*

特別支援コーディネーター ··········· *41, 42*

[な]

内科検診 ···························· *10*

[ね]

熱中症 ··························· *52, 54*

[は]

はしご：ラダー ······················ *1, 3*

発達障害 ························· *41, 56*

[ひ]

PDCA ························· *49, 80*

—— サイクル ··············· *20, 49, 72*

評価 ······························· *1*

[ふ]

複雑な事例 ························· *78*

複数の問題を持つ子ども ··············· *2*

[ほ]

保健

—— 学習 ···················· *45, 48, 49*

—— 管理 ···················· *2, 20, 56*

—— 教育 ············· *2, 44, 45, 48, 49, 54*

—— 師 ············· *13, 42, 43, 60, 72*

—— 室経営 ········· *2, 66, 67, 70, 72, 73*

—— 計画 ··············· *66, 67, 71, 73*

—— 室登校 ················ *41, 56, 85*

—— 指導 ············· *45, 48, 49, 80, 86*

—— 主事 ······················ *71, 78*

—— 組織活動 ················ *2, 74, 75*

[ま]

慢性疾患 ···························· *21*

[み]

民生委員 ···························· *72*

[も]

目標 ······························· *3*

問診 ······························· *14*

[よ]

養護教諭 ···························· *2*

—— の職務 ························ *2*

予算 ······························· *71*

予防的視点 ·························· *55*

[ら]

ラダー：はしご ······················ *1, 3*

[れ]

連携 ···················· *29, 31, 33, 36, 64*

連絡調整 ···························· *15*

[わ]

ワザ（技術） ······················ *1, 3, 4*

【編著者・著者略歴】

〈編著者〉

中村富美子

静岡県沼津市立大岡小学校　養護教諭

筑波大学大学院教育研究科カウンセリング専攻修了 カウンセリング修士取得

国際医療福祉大学大学院医療福祉学研究科保健医療学専攻博士課程満期退学 看護学博士取得

東京大学医学部附属病院（小児科病棟、神経内科病棟）にて５年勤務。その後、静岡県公立小・中学校の養護教諭になって20年目。

〈著者（五十音順）〉

荒木田美香子

国際医療福祉大学小田原保健医療学部看護学科 副学部長・学科長、教授

筑波大学大学院体育研究科健康教育学専攻修士課程修了

聖路加看護大学大学院にて看護学博士取得

養護教諭２校（お茶の水女子大学附属中学校、東京学芸大学附属竹早中学校）にて８年勤務。産業保健師２か所７年勤務、病棟勤務３年、大学教員として３か所20年勤務し、現在に至る。

内山　有子

東洋大学ライフデザイン学部健康スポーツ学科 准教授

杏林大学大学院保健学研究科博士前期課程修了 保健学修士取得

北海道教育大学で養護教諭免許取得後、東京大学教育学部、国立保健医療科学院研究生、アメリカ疾病予防管理センター（CDC）客員研究員などを経て、さいたま市立高校に養護教諭として勤務。2016年より現職。

齋藤　朱美

東京都立小松川高等学校 主任養護教諭

国際医療福祉大学大学院医療福祉学研究科保健医療学専攻修士課程修了 看護学修士取得

看護師や講師を経て、2005年より都立の高等学校の養護教諭として勤務。

高橋佐和子

公立大学法人神奈川県立保健福祉大学保健福祉学部看護学科養護教諭課程 准教授

国際医療福祉大学大学院医療福祉学研究科保健医療学専攻博士課程単位取得後満期退学 看護学博士取得

公立小学校の養護教諭として静岡県と福島県で14年勤務。2010年4月より聖隷クリストファー大学看護学部にて8年勤務し、2018年4月より現職。

中村　千景

帝京短期大学生活科学科生活科学専攻養護教諭コース、専攻科養護教諭専攻 准教授

飯田女子短期大学卒業、上越教育大学大学院学校教育研究科修了 教育学修士取得

群馬県太田市立北中学校の他、太田市内の小学校・中学校・高等学校にて12年養護教諭として勤務。京都女子大学での実習助手の後、2011年9月より現職。

JCOPY 〈(社)出版者著作権管理機構 委託出版物〉

本書の無断複写（電子化を含む）は著作権法上での例外を除き禁じられています。本書をコピーされる場合は、そのつど事前に(社)出版者著作権管理機構（電話 03-5244-5088、FAX 03-5244-5089、e-mail: info@jcopy.or.jp）の許諾を得てください。

また本書を代行業者等の第三者に依頼してスキャンやデジタル化することは、たとえ個人や家庭内での利用であっても著作権法上認められておりません。

キャリアアップに活かす！
養護教諭のスキルラダー

2019 年 2 月 20 日　初版発行
2020 年 3 月 30 日　第 2 刷発行

編　著　者　　中村　富美子

著　　　者　　荒木田美香子、内山　有子、
　　　　　　　齋藤　朱美、高橋佐和子、
　　　　　　　中村　千景

発　　　行　　ふくろう出版
　　　　　　　〒700-0035　岡山市北区高柳西町 1-23
　　　　　　　　　　　　　友野印刷ビル
　　　　　　　TEL：086-255-2181
　　　　　　　FAX：086-255-6324
　　　　　　　http://www.296.jp
　　　　　　　e-mail：info@296.jp
　　　　　　　振替　01310-8-95147

印刷・製本　　友野印刷株式会社
ISBN978-4-86186-735-4 C3037
©Fumiko Nakamura, Mikako Arakida, Yuko Uchiyama,
Akemi Saito, Sawako Takahashi, Chikage Nakamura 2019

定価はカバーに表示してあります。乱丁・落丁はお取り替えいたします。